미래 교회교육
지도 그리기

미래 교회교육 지도 그리기

ⓒ 생명의말씀사 2021

2021년 2월 25일 1판 1쇄 발행
2021년 4월 9일   2쇄 발행

펴낸이 ㅣ 김재권
펴낸곳 ㅣ 생명의말씀사

등록 ㅣ 1962. 1. 10. No.300-1962-1
주소 ㅣ 서울시 종로구 경희궁1길 6 (03176)
전화 ㅣ 02)738-6555(본사)·02)3159-7979(영업)
팩스 ㅣ 02)739-3824(본사)·080-022-8585(영업)

지은이 ㅣ 문화랑

기획편집 ㅣ 서정희, 장주연
디자인 ㅣ 김혜진, 윤보람
인쇄 ㅣ 예원프린팅
제본 ㅣ 정문바인텍

ISBN 978-89-04-12174-8 (03230)

저작권자의 허락없이 이 책의 일부 또는 전체를
무단 복제, 전재, 발췌하면 저작권법에 의해 처벌을 받습니다.

비대면 시대 교회교육 살리기

미래 교회교육 지도그리기

추천사

제대로 된 교육을 위해
'형성 교육'을 기초로 한 본서에 귀 기울이기를 _____

기독교 교육은 예배적 인격, 인화적 인격, 문화적 인격 교육을 내세운다. 이 3가지 인격 교육은 모든 분야에 도입되고 있는 인공지능으로는 수행이 불가능하다. 제대로 된 교육은 몸과 마음이 함께 투입된 삶의 교육을 통해서만 가능하다. 그렇게 해야 '정보 지식 처리 능력 교육'에 그치지 않고 하나님의 형상으로 지음 받은 인간을 빚어 내는 '형성 교육'이 가능하다. 이 책은 이런 교육 철학을 기초로 하고 있다. 교회교육뿐만 아니라 학교 교육, 사회 교육, 기업 교육, 그리고 심지어 가장 기초적인 가정 교육을 제대로 하기 위해서 문 교수의 목소리를 들었으면 좋겠다.

_ 강영안 (미국 칼빈신학교 교수)

현장 목소리를 반영, 교회교육의 본질을
심도 있게 가르쳐 주며 대안까지 제시하다

전대미문의 코로나 시대를 통과하고 있는 한국 교회에 희망찬 미래는 가능한가? 고지로 올라가며 치르는 전투가 될 것 같다. 가진 자원을 재고 조사하고 최적화해야 한다. 무엇보다 가장 취약한 부분이 교회교육이 될 것 같다. 언택트 시대, 온라인 예배 출현, 출석률 급감, 공동체성 저하, 교회 간 양극화 심화, 교회 본질에 대한 혼란 등 코로나19가 가져온 비상 상황이다.

우리 시대 교회 예배와 교육 분야 최고 전문가 중 한 분인 저자가 진지하게 코로나 시대에 교회교육 생태계를 진단하고 그에 따른 처방전을 제시한다. 저자는 지식 정보 전달에서 형성적 교육 패러다임으로 전환할 것을 촉구한다. 이 책에서 저자는 이를 위한 교회교육과 예배의 주요 원리와 실제적 예를 구체적으로 제시한다. 단순히 연구실의 제안이 아니다. 현장 목소리를 경청하며 교회교육의 본질을 심도 있게 가르쳐 주며 대안을 제시한다. 각 부와 장을 돌아보며 생각할 수 있도록 요약을 싣고 설문 조사 통계 및 정리를 통해 현 상황에 관한 교회교육 지도자들의 의견을 존중하는 예의를 보여 준다. 가독성이 좋고, 소통과 공감 능력이 글 안에 깊이 배어 있다. 교회교육에 관심이 있는 목회자, 교육전도사, 교사와 부모들에게 일독과 토론을 권한다.

_ 류호준 (전 백석대학교 신학대학원장)

분리가 아닌 통합,
교회교육의 새로운 패러다임 제시 ─────────

다음 세대가 위기라고 말하기는 쉬워도 그 대안을 제시하기란 쉽지 않다. 코로나19로 인해서 더욱 심각한 위기에 직면한 다음 세대 교회교육의 진정한 대안은 무엇일까? 이 책의 저자는 이론과 실제를 넘나들면서 그 대안을 제시하고 있다. 기독교 교육과 함께 예배학을 전공한 저자는 보다 본질적인 신앙 형성을 위한 교회교육의 새로운 패러다임을 소개하고 있다. 그것은 예배와 교육, 교회와 가정, 신앙과 학업, 전통과 개혁을 분리하지 않고 통합하는 교육이다. 그동안 정보 전달 교육에 머물렀던 교회교육의 한계를 뛰어넘어 진정한 신앙 형성을 위한 교육을 제안한다. 교회교육을 주일 아침 교회학교의 분반공부와 동일시했던 것을 넘어서서 예배 교육, 가정 교육, 부모 교육, 교사 교육을 통한 새로운 교회교육 생태계의 비전을 보여 주고 있다. 이 책을 교회학교 교사와 다음 세대를 사랑하는 모든 교역자, 신학도, 그리고 부모들이 읽어야 할 필독서로 추천한다.

_ 박상진 (장로회신학대학교 교수, 기독교학교교육연구소 소장)

교회가 직면한 위기를 헤치고 나갈
교회교육의 방향과 길을 비추어 주는 책

코로나 사태 이후에 한국 교회는 생존할 수 있을까? 교회학교의 급속한 쇠퇴는 그 미래를 더욱 암울하게 만든다. 그럼에도 교회는 하나님 안에서 희망을 붙들기에 필사적이어야 하며 그 비전을 향한 믿음의 발걸음을 힘차게 내디뎌야 한다.

이 책은 교회가 직면한 위기를 헤치고 나갈 교회교육의 방향과 길을 비추어 준다. 저자는 먼저 생생한 현장의 다양한 목소리를 청취하여 교회교육의 현실과 문제점이 무엇인지를 분석하였다. 그런 바탕 위에서 교회가 처한 상황과 급변하는 4차 산업 시대에 지혜롭게 대응하는 교회교육의 청사진을 그려 준다. 단순히 지식의 전달이 아닌 몸으로 익히고 습관으로 배양되는 전인적인 신앙과, 교회와 가정의 교육, 교사와 부모의 역할이 한데 어우러져 이루어지는 통전적인 신앙 교육의 실제적인 노하우를 제시한다. 저자는 자신이 전공한 예배학과 교육학의 논리와 통찰을 대중적인 필치와 위트를 곁들여 교육 현장에 잘 녹여 냈다. 그래서 이해하기 쉬울 뿐 아니라 읽는 재미까지 쏠쏠하다.

_ 박영돈 (작은목자들교회 담임목사, 고려신학대학원 교의학 명예교수)

여타 교회교육 책에서
발견하기 힘든 내용으로 가득하다

내가 읽어 온 글들 중 가장 유용한 글은 보통 신학적으로 탄탄하고도 현대의 다양한 학문과 변증적으로 대화하며, 동시에 현장에서 유용한 지혜를 제공하는 글들이었다. 그리고 저자는 교회교육 분야에서 (내가 읽은 글들 중에서) 가장 유용하고 탁월한 책을 냈다. 많은 목회자들이(나도 포함된다) 구색 맞추기나 정보 전달을 위해 운영하던 교회학교와 교육 프로그램을 신앙 형성과 복음 선포를 위해 운영할 수 있도록 많은 통찰과 지혜를 준다. 특히 예배와 교회교육의 통합을 말해 주는 제2부 2장과 학습자 중심의 사고와 창의성을 말해 주는 7장은 다른 교회교육 책에서 발견하기 힘든 내용으로 가득하다. 자신이 섬기는 교회학교에 지대한 관심이 있고 고민해 본 목회자라면 정말 놀랍도록 많은 아이디어와 통찰을 얻게 될 것이다.

_ 이정규 (시광교회 담임목사)

신앙 교육 생태계를 회복하기 위한
저자의 간절한 몸부림이 담긴 책

이 책은 가르침의 현장에서 교수로 사역하며 신앙 교육의 생태계를 회복하기 위한 문화랑 교수의 간절한 몸부림을 담고 있다. 저자는 교회교육이 생존의 위협을 받고 있는 현실에 대해 직시하며 그 현실을 명확히 분석하고 있다. 특히 설문 조사를 통해 코로나 이후 교회교육 현장이 어떻게 변하게 될 것인지를 냉철하게 분석한다. 그러나 여기에서 끝나는 것이 아니고, 이러한 암울한 현실 속에서 신앙 교육을 어떻게 전개해야 할지에 대해 심층적인 고민과 대안을 제시하고 있다.

특히 예배학자인 저자는 교회학교를 살릴 수 있는 중요한 방법으로 예배의 회복을 이야기하고 있다. 교회에서의 예배, 그리고 가정에서의 예배가 살아야 역동적인 신앙인으로 자랄 수 있다는 확신을 가지고 예배에 승부를 걸라고 제안한다. 동시에 다음 세대 신앙 교육을 가능하게 하는 부모와 교사를 어떻게 교육해야 할지에 대해 현실적이고 실제적인 제안을 한다.

이 책은 한국 교회와 교회교육이 나아가야 할 방향에 대해 중요한 이정표와 방법을 제시하고 있다. 교회 내외의 다양한 도전에 당당히 응전해야 할 모든 교회교육자에게 이 책을 추천한다.

_ 함영주 (총신대학교 기독교교육학 교수)

CONTENTS

추천사 _ 4
저자 서문 _ 12
프롤로그 _ 16

PART 1 코로나 이후의 교회교육 생태계 _ 28

코로나19와 사회 · 경제적 정황
코로나 시대, 한국 교회가 처한 상황
코로나19와 교회교육 생태계의 변화
"포스트 코로나 시대 교회학교 트렌드" 설문 조사를 기반으로 한 교회학교 전망

PART 2 종교적 잠재력과 능력을 고려하라 _ 54

잠재력에 주목하라
암묵적 지식을 기억하라

1장 정보 전달인가, 신앙 형성인가? _ 65
변화하는 교육 환경, 변화의 필요성 | 신앙의 형성적 차원을 강조하는 교육 | 교회교육의 새로운 패러다임

2장 예배와 교회교육을 함께 고려한 큰 그림을 그리라 _ 81
예배와 교회교육의 관계 | 예배와 교회교육을 연결하는 큰 그림 | 새롭게 재건하는 예배와 교회교육

3장 예배 교육, 어떻게 할 것인가? _ 97
예배가 거룩한 습관이 되게 하라 | 예배의 감격을 맛보게 하라 | 예배의 다양한 요소를 가르치라 | 다양한 활동으로 배우는 예배

4장 가정에서의 신앙 교육, 어떻게 할 것인가? _ 115

가정예배를 드리라 | 잠자기 전, 대화하며 축복하는 시간을 가지라 | 마음을 터놓고 이야기하는 시간을 가지라 | 존경할 만한 부모가 되라 | 교회학교와 동역하라

5장 부모 교육, 어떻게 할 것인가? _ 131

부모로 자라는 시간 | 가정에서 부모가 가르쳐야 할 5가지 | 자녀를 양육하는 성도를 향한 교회의 역할

6장 교회학교 교사 교육, 어떻게 할 것인가? _ 145

교사의 역할, 왜 중요한가? | Why? 왜 지속적으로 교육해야 하는가? | How? 어떻게 교사를 교육할 것인가? | 교사의 전문성을 돕기 위한 아이디어 | 교사의 공동체성을 돕기 위한 아이디어

7장 경이와 창의가 함께하는 교회교육 _ 163

학습자의 '경이'에 대한 감각을 존중하라 | 창의적인 교회교육 | 레트로와 뉴트로 사이에서

에필로그   _ 178

부록 "포스트 코로나 시대 교회학교 트렌드"
  설문 조사 통계 및 정리 _ 182

참고문헌 _ 200
주   _ 206

저자 서문

코로나 이후의
큰 그림을 그려야 합니다

　25년 전, 대학에 입학하자마자 주일학교 교사로 섬기기 시작했습니다. 교육의 '교' 자도 모르던 철부지 대학생이 주일학교 학생을 가르치는 일은 쉽지 않았습니다. 대상의 특성이 어떠한지, 어떻게 가르쳐야 할지도 모른 채 매주 좌충우돌을 반복하는 동안 아이들이 조금씩 성장하는 모습을 발견하며 한 영혼을 돌보는 일이 얼마나 중요하고 귀한지 깨달을 수 있었습니다.

　저의 외조모이신 고(故) 김순희 권사님은 일제 강점기에 공주사범대학을 졸업하시고 한평생을 교육자로 사셨습니다. 특히 오랜 시간 부산에 위치한 혜성학교에서 교감으로 봉직하며 장애 아동을 위해 헌신하셨습니다. 제게는 늘 하나님의 일을 위해 열심히 공부하라고 당부를 아끼지 않으셨습니다. 군종 사관후보생 시험을 치러 국방부에 갈 때 기차를 타고 동행하셨고, 대학 시절 매 학기 저의 성적을 확인하실 만큼 열정이 넘치는 분이셨습니다. 그러한 할머니의 영향 때문인지 저희 가정에는 교사가 많습니다. 40년 이상을 초등 교육에 헌신하신 아버지, 출산으로 퇴직하셨지만 저를 키우신 후 다시 임용고시에 합격해 정년까지 가르치셨던 어머니, 외할머니의 영향으로 특수교육에 헌신한 여동생, 그 외 교수로 재직하신 이모 내외까지…. 이와 같은 분위기 속에 성장한 저는 자연스레 다음 세대를 세우는 교육이 얼마나 중요한지, 어떻게 하면 효과적으로 가르칠 수 있는지, 또 사람들은 어떻게 배우는지에 큰 관심을 가지게 되었습니다.

미국 유학 시절 예배학을 공부하면서 예배와 교육이 그 무엇보다 밀접한 관계가 있음을 깨달았습니다. 개릿신학교의 박사 초청을 받을 당시 잭 시모어(Dr. Jack Seymour) 교수님은 저의 주 전공인 예전학과 교육학을 접목하는 데 도움을 제공하겠다고 제안해 주셨습니다. 지도교수였던 어니스트 바이런 앤더슨(Dr. E. Byron Anderson) 교수님은 뛰어난 예전학자일 뿐 아니라 에모리대학에서 교육학을 함께 공부하신 분입니다. 제 연구의 길을 내고 지도해 줄 최고의 조합을 만난 셈입니다.

이분들의 지도와 도움 아래 저는 5년 동안 학문에 정진했을 뿐 아니라 미국의 여러 교회를 탐방하며 보다 현실감 있는 공부를 했습니다. 책상에 앉아 연구하는 시간만큼이나, 현장을 관찰하며 교회와 교육부서가 어떻게 유기적으로 움직이는지를 확인하는 작업은 큰 배움으로 작용했습니다. 이러한 현장의 경험이 지금의 저를 형성하는 소중한 자산이 되었음을 확신합니다. 이론과 실천은 밀접한 관계를 지녔을 뿐 아니라 상호 보완적이며, 실천 속에 이론이 담겨 있기 때문입니다. 이 책은 이러한 저의 학문 여정, 그리고 학자로서의 성장 과정을 담아냈습니다.

저의 중심 논지는 다음과 같습니다. 이론과 실천(현장) 모두가 중요하며, 이 둘의 상호 작용을 바탕으로 한 공동체 속에서 개인이 형성된다는 것입니다. 그러므로 교육은 정보 전달에 그쳐서는 안 되며 통전적이어야 합니다. 학자는 교회 현장을 알아야 합니다. 현장과 유리된 이론은 교회를 섬기는 데 큰 영향을 미치지 못합니다. 이와 동시에 현장은 학자들이 주장하는 바에 귀를 기울여야 합니다. 상호 간의 열린 마음만이 새로운 길을 엽니다.

코로나19로 전 세계가 어려운 시기를 보내고 있습니다. 특히 공동체성과 예배 모임을 강조하는 우리의 교회들은 더 힘이 듭니다. 코로나 이전에도 힘에 부쳤던 교회학교는 코로나 사태로 휘청거립니다. 이 상황 속에서 가만히 손 놓고 있을 수만은 없습니다. 하나님의 지혜를 구해야 합니다. 코로나 이후의 큰 그림을 그려야 합니다. 이 책은 분량상 교회교육에 관한 모든 것을 담지는 않았습니다. 그러나 우리의 교육이 어떤 방향으로 나아가야 할지에 대해 실천적인 가이드라인을 제공할 것입니다.

늘 저를 위해 기도해 주시는 양가 부모님과 사랑하는 아내에게 감사를 전합니다. 예배학과 교육학의 밀접한 관계를 가르쳐 주시며 저의 어드바이저가 되어 주신 개릿신학교의 어니스트 바이런 앤더슨 교수님과 잭 시모어 교수님께 감사드립니다. 2009년, 북미의 여러 학교로부터 박사 초청을 받았지만 개릿신학교에서 이분들을 만나고 함께한 시간이 제게 큰 유익이 되었습니다.

또한 대학원 시절 교회교육 분과에 눈을 뜨게 해주신 스승이자 저의 전임자이신 현유광 명예교수님께 깊은 감사를 드립니다. 아울러 저의 강의를 사랑해 주시고 연구 욕구를 불러일으켜 주시는 고려신학대학원의 제자들에게도 감사를 전합니다. 교수가 학생을 가르치지만, 학생을 통해서 교수 또한 성장한다는 것을 느끼게 해주셔서 고맙습니다.

마지막으로 이 원고를 멋진 책으로 만들어 주신 생명의말씀사와 원고를 읽고 조언을 아끼지 않은 황환승 목사, 하늘샘 강도사, 유힘찬 강도사, 설문 조사와 정리에 도움을 준 김재광 강도사, 현장의 목소리를 생생히 들려준 최상준 목사와 조교 이근희 전도사, 나주만 전도사, 신상훈 전도사에게도 감사의 말씀을 전합니다.

이 책이 교회교육 현장에서 땀 흘리며 분투하는 목회자와 교사, 부모님들께 조금이나마 도움이 되길 소망합니다.

천안 고려신학대학원 연구실에서
문 화 랑

프롤로그

4차 산업 시대,
교회는 생존할 수 있을 것인가?

　코로나19로 우리 삶의 모습은 급격히 변했다. 일상생활에서 이토록 오랜 기간 마스크를 착용하리라고는 꿈에도 생각지 못했다. 육군3사관학교에서 군종 장교 교육을 받던 당시 화생방 훈련으로 방독면을 써 본 경험은 있으나 마스크 한 장을 사기 위해 그토록 애타게 약국을 찾아다니며 줄을 서게 될지 상상도 하지 못했다. 알코올 세정제를 수시로 비치해 두고 손이 쓰리도록 바르게 될 줄 몰랐다. 사람이 군중으로 모인 모습이 그렇게 위험하게 여겨질 줄 몰랐다. 타인과 부대끼며 마음껏 생활할 수 있는 자유가 얼마나 소중한지 몰랐다. '코로나 블루'(Corona blue)라는 신조어가 등장할 만큼 현재 우리의 삶은 피폐하다.
　뉴스는 매일같이 어두운 소식으로 도배되고 있다. 전 세계적으로 코로나19 확진자가 몇 명인지, 국내에서는 몇 명이 신규로 감염이 되었는지, 사회적 거리두기로 인해 생계를 위협받는 사람이 얼마나 늘어났는지가 보도된다. 극심한 경기 침체가 경제 위기와 대량 실직으로 이어지리라는 불길한 예측이 마음을 얽어맨다. 안전한 백신이 나오리라는 확실한 보장도 없고, 그 시기 또한 언제일지 모른다. 향후 코로나19 혹은 이와 비슷한 변종 바이러스와 일상을 함께해야 할지 모른다는 극도로 비관적인 전망이 득세한다.[1]

우리는 나무는 보는데 숲은 잘 보지 못한다. 마치 코뿔소와 같다. 평균 시속 50킬로미터로 달리는 코뿔소는 시력이 극도로 나쁘다. 열심히는 뛰는데 목표물과 상관없이 달리다가 종종 다른 사물과 부딪치곤 한다. 문제는 속력이 아니라 방향이다.[2] 보이지 않는 바이러스에 온 신경을 곤두세우는 시선을 거두고, 국제 정세는 어떻게 흘러가며 무엇이 진행 중인지를 알고, 숲을 조망하는 폭넓은 시각을 가져야 한다.

지금 무슨 일이 일어나는가?

사람은 자신이 관심을 둔 분야의 일은 눈에 잘 들어오는 법이다. 그러나 흥미가 없는 영역은 아무리 노출을 해주어도 인지하지 못할 때가 많다. 예를 들어, 인문학을 좋아하는 필자에게 철학자의 이름과 그들의 책을 보여 주면 아주 흥미롭게 반응할 것이다. 이에 반해, 고등학교 졸업 이후로 수학 공부를 하지 않은 필자에게 미적분 풀이에 대한 설명을 한다면 금방 기억에서 사라지고 말 것이다.

현재 우리의 관심사는 온통 코로나19다. "부작용이 없는 완벽한 백신이 나올 것인가?", "전 세계 과학자들이 연구 중인 새 백신은 변종 바이러스에 적용 가능한가?" 등을 질문하며 속히 코로나19가 사라지고 국제 경기가 회복되어 침체된 내수 시장이 활기를 찾길 간절히 바랄 것이다. 지금도 직장에서는 대량 해고가 진행 중이고, 언택트(untact) 시대답게 점원이 없는 무인 점포가 등장하기 시작했다. 코로나 이전에도 이러한 일은 생겨났지만, 코로나 사태는 이 모두를 가속화시켰다.

한편 코로나 사태로 아이들이 학교에 가지 못하는 상황이 생겨났다. 필자의 집에도 야생마 같은 두 아이가 온종일 엄마를 힘들게 하고 있다. 학사 일정은 온라인 강의로 대체하는 실정이다. 필자도 대학에서 학생을 가르치는 교수이기에 아이들의 온라인 강의에 관심을 가지고 가끔 곁눈질로 살펴본다. 수업의 수준이 매우 훌륭하다는 생각이 든다. 때때로 옆에서 듣다 나도 모르게 손뼉을 친다. '강의 진짜 잘한다!' 곧 다음 생각으로 이어진다. '바이러스의 전염력과 후유증이 이렇게 심한데, 코로나 종식 때까지 집에서 공부하면 어떤가! 강의 수준도 상당히 높은데 말이야.' 코로나 시대를 관통하며 학교 교육에 대한 생각이 다소 바뀌었음은 누구도 부인할 수 없을 것이다.

다시 본론으로 돌아가 보자. 지금 도대체 무슨 일이 진행되고 있는가? 우리 눈앞에 보이는 것은 코로나19로 인한 혼동 상태지만, 눈에 보이지 않는 대격변이 진행 중이다. 제3차 세계대전 못지않은 일들이 일어나고 있거나, 향후 일어나려 한다.

먼저 정치적으로 살펴보라. 미국과 중국의 힘겨루기가 진행 중이다. 미중 패권 다툼 속에서 다른 나라들은 어디에 줄을 서야 할지 고민한다. 경제적으로는 어떠한가? 침체된 경기를 부양시키기 위해 미국에서는 달러를 찍어 내고 있다. 여타의 국가들 또한 돈을 찍어 내거나 혹은 지역 상품권을 나누어 주며 소비를 진작시키려 한다. 대공황의 전조 현상이 일어나고 있으며 많은 기업의 도산 가능성이 농후하다.[3]

우리의 삶 또한 팍팍하다. 일자리가 급속하게 감소하며 소비 심리는 위축되었으나, 서울의 집값은 천정부지로 치솟는 기현상이 벌어지고 있다. 경제적·지역 발전 양극화가 심화되는 것은 말할 것도 없다. 이러한 중에도 4차 산업혁명은 차질 없이 진행되는 추세다. 3차 산업혁명까지의 특징이 많은 일자리 창출이라면, 4차 산업 시대는 인간이 서야 할 자리를 기계와 인공지능이 대체한다. 이것은 이미 상당 부분 진행되고 있다. 다보스포럼(세계경제포럼)은 대한민국을 4차 산업 시범 국가로 선정했다.[4] 이와 같은 흐름 속에서 우리는 어떻게 살아야 할까?

나는
살아남을 수 있을까?

우리가 일상 속에서 관심을 충분히 가지지 않아서 그렇지 인공지능,

로봇 공학, 사물 인터넷, 자율 주행 자동차, 나노 기술, 생명 공학, 에너지 저장 기술, 3D 프린팅 등 과학 기술은 믿기 어려울 정도의 빠른 속도로 발전하고 있으며, 경제와 산업 전반에 거대한 변화가 일어나고 있다.

한 예로 인공지능을 살펴보자. 2016년, 인공지능 알파고(AlphaGo)가 우리나라 대표이자 한때 세계 최고 바둑 기사였던 이세돌 9단을 꺾은 사실을 우리는 잘 알고 있다. 이후 일반인들도 인공지능에 대해 많은 관심을 가지게 되었으나, 사실 그 이전에도 인공지능 연구는 꾸준히 진보해 왔다.

2013년, 켄쇼(Kensho)라는 인공지능은 세계 금융의 심장부인 월스트리트에 진출해 골드만삭스 뉴욕 본사에서 일을 시작했다. 사람과는 달리 먹고 쉴 필요가 없는 이 인공지능은 최고의 트레이더(금융매매담당원) 600명이 한 달 동안 처리해야 하는 일을 고작 3시간 20분 만에 끝냈다고 한다. 인공지능은 시간의 단축만이 아니라 몇 배의 이익을 회사에 안겨 주었다. 그래서 어떻게 되었을까? 트레이더 598명이 일자리를 잃었다.[5]

IBM사에서 만든 인공지능 왓슨(Watson)은 의사보다 탁월한 폐암 진단 능력을 선보이며 큰 관심을 받았다. 의사의 경우 50퍼센트의 정확도를 나타낸 데 반해, 왓슨은 90퍼센트의 적중률을 보였다.[6] 국내에서도 가천의대 길병원 외 여러 곳에서 이를 수입해 환자와 그 가족들에게 신선한 바람을 일으키고 있다.[7]

혹 인공지능 목회자나 승려에 대해 들어 보았는가? 독일에서는 인공지능 목회자가 등장해 사람들에게 축복의 메시지를 전한다. 중국의 인공지능 승려는 절을 찾은 사람들에게 불교 교리를 설파한다.[8)]

인공지능의 발전 속도는 하루하루가 다르고, 딥 러닝(deep learning)을 탑재한 인공지능은 방대한 자료를 그저 병렬적으로 수집하는 수준에서 탈피했다. 마블사에서 제작한 영화 "아이언 맨"에 등장하는 인공지능 자비스(Jarvis) 못지않은 성숙한 사고와 능력을 선보일 것이다. 미래학자들은 수년 안에 이런 변화가 현실로 다가오리라고 공언한다. IBM 사의 스티븐 골드(Stephen Gold)는 인공지능이 튜링 테스트(Turing Test)[9)]를 통과할 것이며, 인간의 오감을 인지하고, 거대한 문제 해결에 도움을 제공하며, 의료 활동을 재정립하는 스마트한 삶의 도구가 될 것이라고 공언한다.

생각해 보라. 30년 전만 해도 휴대폰을 소지한 사람이 드물었다. 필자의 대학생 시절에는 '삐삐'라 불리던 무선 호출기가 통용되었다. '걸면 걸리는 걸리버' 정도의 휴대폰을 가지고 다니면 부러움을 한몸에 받을 정도였다. 화상 전화는 공상 과학(SF) 영화에서나 가능하다고 생각했다. 그런데 지금은 이것이 현실이 되었으며 너무나도 자연스럽다. 우리는 카카오톡과 같은 애플리케이션을 사용해 전 세계 사람들과 화상으로 만날 수 있다.

이 글을 쓰면서도 두렵다. 과연 나는 살아남을 수 있을까? 유학을 마치고 자신만만하게 미국에서 돌아올 때만 해도 교수 정년까지 마음껏

연구할 수 있을 것 같은 확신으로 충만했다. 그런데 코로나 사태 속에서 매주 온라인 강의를 준비하며 이런 생각이 든다. '과연 내가 정년까지 이 일을 할 수 있을까?'

많은 사람이 그토록 바라던 판사, 검사, 변호사, 교수, 교사, 의사, 약사와 같은 직업군은 코로나 이전부터 인공지능에 의해서 그 영역이 잠식되고 있다. 코로나 이후에는 이 흐름이 가속화될 것이 분명하다. 유튜브(Youtube)에는 다양한 강의가 넘쳐 난다. 인문 사회 분야뿐만 아니라 정치·경제·과학에 이르기까지, 다양한 분야의 교수들이 지난 몇 년간, 혹은 십수 년간 갈고닦은 정보가 일순간 대중에게 공개되는 셈이다.

과거에는 지식을 많이 입력하고, 남들이 가지지 않은 정보를 머릿속에 저장한 사람이 성공할 확률이 높았다. 그러나 이제 주입식 교육은 더 이상 효과적이지 않은 시대가 도래했다. 지금 필자가 이 글을 쓰는 밤늦은 시간에도 입시 학원에서 공부하는 학생들이 많을 텐데, 그들의 미래를 생각하면 측은한 생각이 든다. 공부가 필요 없다는 것이 아니다. 공부해야 한다. 열심히 최선을 다해야 한다. 그런데 세상이 급변하고 기존에 각광받던 직업이 쇠퇴한다는 이야기는 우리의 교육과 학습 패턴도 바뀌어야 함을 의미한다. 인공지능 시대에도 살아남으려면 어떻게 해야 할까?

그 누구도 지금 이 시점에서 명확한 답을 내릴 수는 없다. 그러나 인공지능이 다 닿을 수 없는 영역, 인공지능으로 대체할 수 없는 직업,

혹은 인공지능과 협업이 가능한 일이 무엇인지를 찾는다면 다음 세대의 진로를 결정하는 데 큰 도움이 될 것이다.

교회는
생존할 수 있을까?

그렇다면 교회는 살아남을 수 있을까? 2000년대 후반부터 개신교 성도 수는 급감하기 시작했다. 사회의 여러 불미스러운 이슈에 신자들이 연루되며 교회는 공적 신뢰(public trust)를 상실했다.[10]

여기에 코로나 사태를 지나면서 교회는 세상의 따가운 시선과 비난에 힘겨워하고 있다. 2020년 2월, 코로나 초기에 신천지 사태를 보면서 성도들은 내심 그 긍정적 측면을 기대했다. 그간 아무리 밝히려 해도 베일에 싸여 있던 신천지 조직이 국민에게 낱낱이 공개되었기 때문이다. 그런데 안도감도 잠시, 몇몇 교회들이 다시 집단 감염의 진원지가 되면서, 세상은 교회 전체를 비난하기 시작했다. 특히 2020년 8월 15일 광화문 집회 이후 코로나19가 급속도로 확산되면서 교회로 비난의 화살이 쏟아지기 시작했다. 현재 교회 안에는 성도들의 다양한 정치적 입장에 따라 교회의 예배, 주일 회집, 교회의 사회 참여 등에 대한 의견이 분분하다.

이런 상황 속에서 개교회는 생존을 위해 힘겹게 한 주, 한 주를 버티고 있다. 정부 지침에 따라서 소규모 인원만 모이거나, 아니면 인터넷 중계를 통해 예배 공백을 메우고 있다. 큰 교회들은 인력과 물적 자원이 풍부하기에 양질의 온라인 예배 영상을 송출한다. 전자 매체를 비롯한 다양한 방법을 활용한 목회적 돌봄 또한 가능하다. 그러나 대다수를 차지하는 소형 교회들은 주일 낮 예배 영상을 온라인으로 송출하기에도 여력이 부족한 데다 교육부서 예배는 시도도 못하는 상황이다.[11] 게다가 교회마다 헌금이 급감하고 있다. 성도의 생활도 그만큼 어렵고, 온라인 예배를 드리며 헌금을 송금하는 데 익숙하지 않기 때문이기도 하다.

코로나19 이전에도 젊은 층을 중심으로 '가나안' 성도들이 급증하기 시작했는데, 코로나 사태로 인한 예배 공백은 분명 성도들의 예배, 주일 성수에 대한 생각에 영향을 미칠 것이다. 뿐만 아니라 '꼭 교회에 가서 예배를 드려야 하는가?'라는 생각이 퍼질 것이고, 온라인 예배의 경험은 성도로 하여금 자신의 기호를 추구하는 '소비자 중심적' 예배 성향을 부추길 것이다. 이런 상황 속에서 대형 교회의 온라인 교회를 세우는 시도로 벌써 성도의 수평 이동이 진행 중이다. 결국 교회 간 성도 쟁탈전이 벌어질지도 모른다.[12]

이러한 환경에서 우리 교회가 생존할 수 있을까? 통계청(kosis) 자료에 의하면, 개신교 인구 가운데 가장 많은 수를 차지하는 연령대는 40-50대다.[13] 중장년은 유지되고 있지만 젊은 층 인구가 급격하게 줄어들고 있다. 이는 무엇을 의미하는가? 향후 한국 교회는 성도의 고령화와 성도 수 급감을 경험하게 될 것이다. 또한 4차 산업혁명의 진행에 따라 많은 성도가 일자리를 잃을 것이다. 이 또한 교회의 재정 악화에 영향을 미치고, 부교역자는 사역지를 떠나거나 생계를 위한 다른 방안을 찾아야 할 때가 올지도 모르겠다.[14]

그렇다면 교회가 살아남을 수 있는 가장 확실한 방법은 무엇일까? 지금이라도 성도들을 철저하게 교육해야 한다. 그들의 자녀를 기독교 관점으로 양육해야 한다. 외적인 어려움이 다가올수록, 우리는 내적인 결속을 통해 그 위기를 타개해야 한다. 이 책은 이와 같은 작금의 어려운 상황 속에서 교회교육이 어떠한 방향으로 나아가야 할지를 마치 지도를 그리듯이 세세히 다루어 나갈 것이다.

이 책은 크게 2부로 나뉜다. 첫 번째 부분은 코로나 사태 이후 교회교육 생태계가 어떻게 변하고 있는지를 살핀다. 이를 위해 실제 교회학교 사역을 하는 목회자 500명에게 설문지를 배포하고 생생한 현장의 의견을 정리해 보았다. 코로나 이후로 교회학교의 어려움은 무엇인지, 현재 우리는 어떤 상황에 놓였는지를 살피며, 다가오는 미래를 교회학교가 어떻게 준비해야 할지에 대한 통찰을 제공한다.

두 번째 부분은 포스트 코로나 시대에 교회교육을 어떻게 할 것인지에 대해 교육학과 예배신학의 관점에서 논지를 전개한다. 특히 개인의 신앙 형성에 크게 영향을 미치는 가정 교육, 교회학교, 부모, 교사, 예배 등을 집중적으로 살피며, 어떻게 하면 개인의 신앙 발달과 형성에 도움을 제공할 수 있을지 논할 것이다. 무엇보다 지식 전달 위주의 교육 패러다임에서 진일보하여, 통전적이고 형성적인 교육으로 발돋움하려면 앞에서 열거한 요소들이 어떻게 변화해야 할지를 알아본다. 교육학과 예배학의 주요 원리를 활용하되 교회학교 교사, 부모, 평신도도 쉽게 이해하고 실제 활용할 수 있도록 간명하게 논지를 전개해 나가려 한다.

돌아보며 생각하기

4차 산업 시대, 교회는 생존할 수 있을 것인가?

◎ 코로나 사태 이후 급변하는 환경 속에서 나와 가족, 교회가 살아남을 수 있을까에 대한 불안감이 고조되고 있다. 매일같이 어두운 소식으로 도배된 뉴스와 여러 학자들의 비관적인 전망은 사람들을 우울하게 하고 있다.

◎ 코로나 사태 속에서도 4차 산업혁명은 꾸준히 진행되고 있으며 경제와 산업 전반에 거대한 변화가 일어나고 있다. 인공지능, 로봇 공학, 사물 인터넷, 나노 기술, 3D 프린팅, 생명 공학 등이 급속도로 발전하고 있다.

◎ 이러한 구조적 변화는 교육 시스템의 변화를 강력하게 요청하고 있다. 일반 교육의 변화는 결국 교회교육의 변화를 요청하게 될 것이다. 그럼 우리는 어떻게 해야 할 것인가? 교계의 많은 학자들과 일선의 사역자들이 포스트 코로나 시대의 대안들을 나름 제시하고 있다.

◎ 때로는 우리가 코뿔소와 같지 않나 하는 생각이 든다. 코뿔소는 평균 시속 50킬로미터로 달리지만 시력이 극도로 나빠, 열심히는 뛰는데 종종 목표물과 상관이 없는 다른 사물과 부딪치곤 한다. 문제는 속력이 아니라 방향이다.

◎ 이 책은 교회교육이 어떠한 방향으로 나아가야 할지를 마치 지도를 그리듯 세세히 다룰 것이다.

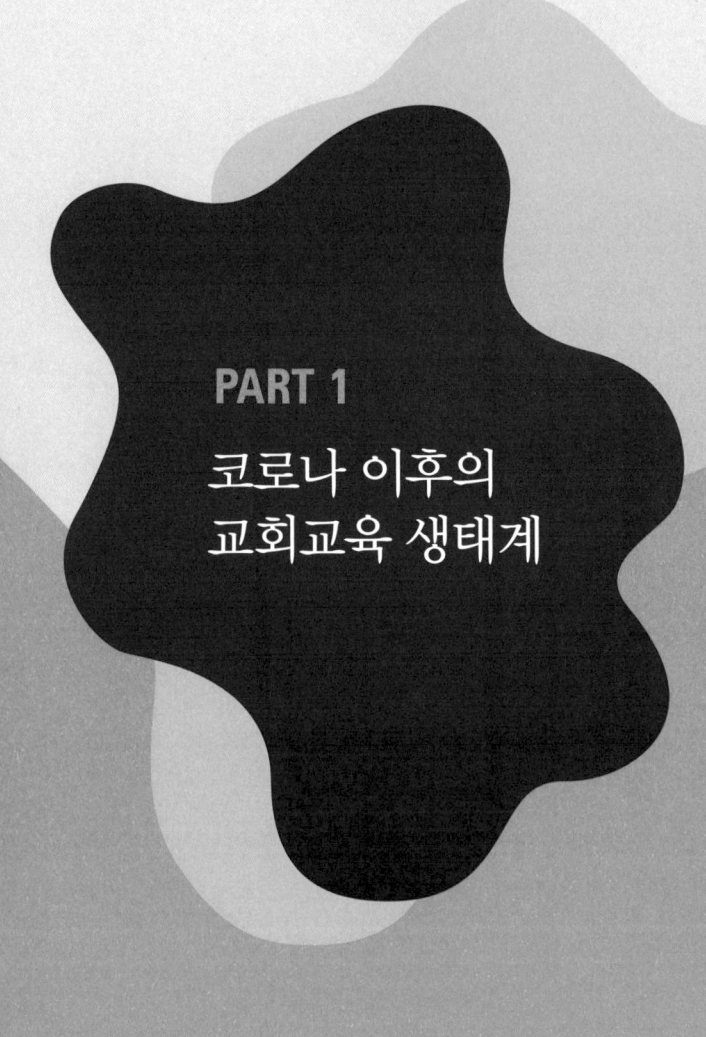

PART 1
코로나 이후의
교회교육 생태계

- 코로나19와 사회·경제적 정황
- 코로나 시대, 한국 교회가 처한 상황
- 코로나19와 교회교육 생태계의 변화
- "포스트 코로나 시대 교회학교 트렌드"
  설문 조사를 기반으로 한 교회학교 전망

비대면 시대 교회교육 살리기
**미래 교회교육
지도 그리기**

코로나19로 교회교육 생태계가 급변하고 있다. 단순히 교회교육만의 문제가 아니라, 한국 사회 내에서 교회의 존립 자체를 염려하는 극한 상황이다. 위기감을 느낀 국내외 목회자, 교육학자, 통계 전문가들이 코로나 사태를 전후로 성도의 다양한 생각 변화 및 교회교육 변화를 예측하며 조언하는 글들을 제시하고 있다.

필자는 미국의 리고니어선교회(Ligonier Ministries)에 의해 2014년 이후 격년마다 실시되는 '신학 동향'(The State of Theology) 보고서, 목회데이터연구소에서 2020년 코로나 이후 국내 교회와 성도들을 상대로 한 분석 자료를 살피고, 교회교육 현장에서 사역 중인 500명을 대상으로 필자가 직접 실시한 설문 조사("포스트 코로나 시대 교회학교 트렌드") 결과를 분석하고자 한다.

이를 통해 코로나 사태로 교회가 겪는 어려움을 확인하고, 교육 생태계는 어떤 변화의 상태에 놓여 있는지를 살필 것이다. 무엇보다 교회학교 학생과 부모의 신앙과 교회에 대한 생각을 확인할 것이다. 코로나 이후의 교회교육을 논하기 이전에 바른 현실 진단이 필요하다. 아무리 좋은 이론을 대안으로 제시한다 할지라도, 현장성과 적실성이 떨어진다면, 결국 제안은 허무하게 사라지기 때문이다. 그러므로 현장 분석을 통해 나온 자료들을 살피면서, 앞으로 교회교육은 어떠한 방향으로 가고 어떻게 변해야 할지에 대한 논의를 전개하고자 한다.

코로나19와 사회·경제적 정황

2019년 12월에 처음 발생한 이후, 전 세계로 확산된 코로나19 바이러스는 모두의 평범한 일상을 단숨에 바꾸었다. 발생 초기, 이 호흡기 감염병에 대한 정보 부족으로 불안감과 두려움이 극심했다. 백신이 개발되지 않은 상황에서 적절한 치료제가 없고 병의 후유증이 심각하다는 소식이 퍼지며 비접촉, 비대면 사회 분위기를 형성했다. 사람이 사람을 무서워하는 시대가 도래했으며, 각국은 입국 제한을 실시하며 국가 간 장벽을 세웠다. 무역 및 수출의 급감으로 각국 경제 지표는 최악의 상황으로 치닫고 있다.[1)]

세계 13위의 경제 대국으로 평가받지만, 수출 위주의 산업 구조인 우리나라 또한 어려운 시기를 겪고 있다. 다행히 미국과의 통화 스와프 기간 연장으로 1997년 발생했던 IMF 사태나 2008년의 리먼 브라더스(Lehman Brothers) 사태만큼의 심각한 일이 아직 발생하지는 않았지만, 실제 시민이 체감하는 경기는 분명 위기 상황이라 여길 만하다. 사회적 거리두기로 인해 각종 서비스업이 위축된 상태이며, 폐업 신고

또한 속출하고 있다.[2]

 정부는 힘들어하는 국민을 돕고자 세계 여느 나라처럼 추가경정예산을 실시하고, 지역 상품권을 발행하는 등 시장 경제 활성화에 온 힘을 기울이고 있다. 그러나 전 세계적인 경기 침체라는 물결을 거슬러 올라가기란 쉽지 않아 보인다. 미국의 경우, 달러가 전 세계의 기축 통화이므로 돈을 발행해도 견딜 힘을 지녔지만, 원화는 형편이 다르다. 원화 대폭락이 올지 모른다는 심리적 압박감과 불안감이 편만하다. 결국 그 결과는 세계적 공황에 못지않은 충격을 줄 것이기 때문이다.[3]

 그러나 이는 최악의 시나리오이고, 꼭 이렇게 가리라는 법도 없다. 경제란 고착화된 시스템이 아니라, 생명체처럼 유기적인 기능을 지녔기에 어떠한 방식으로 다시 바닥을 치고 반등할지 모를 일이다.

 신학자가 왜 경제 이야기를 하고 있느냐고 반문할지 모르겠다. 이는 교회가 성도들의 형편을 알아야 한다는 기치에서 비롯한다. 성도들이 어떠한 세상에서 살아가며, 어떤 환경에서 악전고투하는지 알아야 한다는 것이다.

 매주 회중석에 앉아 설교를 경청하고, 교육부서에 아이들을 보내는 부모들이 어떻게 한 주를 살고, 어떠한 심정으로 교회에 나와 예배드리는지를 안다면, 그들을 맞이하는 태도가 확연히 달라지리라 생각한다. 이를 통해 보다 절실한 마음으로 주의 일을 감당하고, 맡겨진 영혼들을 돌보며 교육하지 않을까 기대한다.

코로나 시대,
한국 교회가 처한 상황

　코로나 사태로 한국 교회가 받은 가장 큰 타격은 바로 '공적 신뢰'의 상실이다. 크고 작은 교회들이 감염의 고리가 되면서, 언론과 방송은 교회를 비난하기 시작했다. 정부 시책에 발맞추어 회집을 바로 취소한 불교 및 천주교와 대비될 뿐 아니라, 백신이 없는 상황에서의 모임은 결국 신천지 이단의 광신과 다를 바가 무엇이냐는 주장이다.[4]

　이러한 사회적 분위기는 앞으로 국내 전도가 해외 선교보다 더 힘들 것이라고 전망하게 한다. 실제 코로나 사태로 한국 교회의 쇠퇴 속도가 십수 년 앞당겨졌다고 평가하는 목회자와 학자도 많다.

　무엇보다 코로나 사태 이후, 사회적 거리두기 단계에 따라 주일예배에 대한 정부 가이드라인이 제시되었고 각 교회와 성도 또한 '교회의 사회적 사명과 책임'을 강조하게 되었다. 교회는 정부가 정한 최소한의 인원으로 현장 예배를 드리고, 나머지는 온라인 예배를 병행하는 방법을 채택했다. 또한 가정예배를 활성화하는 방법을 대안으로 제시하기도 하였다. 이처럼 교회는 교회의 심장 박동이라 불리는 공예배를 드리기 위해 최선의 노력을 다했다. 백신을 접종하기 전까지는 대면과 비대면을 오가는 시스템을 유지할 수밖에 없는 실정이다.

　그러나 결국 코로나 사태는 신자들의 영적 훈련 상태를 여실히 드러내는 도구가 되었다. 사회적 거리두기 단계에 따라 주일에도 자유로이 교회에 갈 수 없고, 예배와 교육의 공백이 커지면서 교회마다 또 성도마다 격차가 심화되었다. 목회자들이 온라인으로 강좌를 개설하고 화상회의 애플리케이션 줌(ZOOM)을 통해 심방하지 않는 한, 가족 중심의 신앙생활을 이어 나갈 수밖에 없는 형편이다. 결국 부모 혹은 가장의 영적 성숙도에 따라서 가정의 신앙생활이 좌우될 것이다.

　비대면 상황이 1년 정도 지속되자 무엇보다 교회에 대한 성도들의 생각이 바뀌고 있다. 온라인 예배를 경험하고 보니 '다양한 교회의 훌륭한 목사님들의 설교를 접할 수 있는데 꼭 교회에 가야 하나?'라는 생각이 퍼지고 있다. '교회는 건물이 아니다'라는 생각과 함께 주일 성수처럼 전통적으로 한국 교회가 강조해 왔던 골격이 흔들리는 추세다. 무엇보다 "꼭 같은 공간에 모여야만 공동체인가?", "시간의 동일성을 통해 공동체 개념을 더 확대할 수 있지 않겠는가?", "교회론에 대한 재정립이 필요하다"라며 의견을 개진하는 목소리도 들린다. 마치 사사기의 상황처럼 교회 안에 대혼동 상태가 시작된 것이다. 이런 상황들은 앞으로 한국 교회의 앞날이 녹록지 않으리라 예상케 한다.

코로나19와
교회교육 생태계의 변화

사실 코로나 발생 이전에도 전통적인 신앙관은 흔들리며 위협받아

왔다. 미국과 영국에서 매번 격년으로 조사해 견해를 보고하는 '신학 동향'의 결과는 동시대를 살아가는 사람들이 성경의 주요한 교리에 대해 어떻게 생각하는가를 여실히 보여 준다. 2014년에서 2020년까지 통계를 비교하면, '예수님의 신성', '하나님의 구원의 계획과 섭리', '성경의 무오성', '개인의 공로가 아닌 예수 그리스도를 믿음으로 의롭게 됨' 등의 항목에서 전통적인 신앙관이 약화되고 있으며, 때로는 사람들이 혼동 상태에 처했음을 잘 보여 준다.[5]

이는 비단 미국만의 문제는 아닐 것이다. 미국 교회의 영향을 크게 받아 온 한국도 어김없이 이러한 경향이 나타나고 있다. 정통 신앙(orthopistis)에 대한 관심보다는 정통 실천(orthopraxis)에 대한 관심이 더욱 증대하는 추세다. 사회에서 제기되는 현대적 이슈에 대해 교회가 보다 적극적이며, 포용적이며, 공적인 차원의 실천으로 발돋움하기를 원하고 있다.

필자는 코로나 이후 교회학교의 상황이 어떻게 변화했는지를 확인하고자 대한예수교장로회 고신과 합동 교단을 중심으로 500명의 목회자들에게 설문 조사를 실시하였다. 본 조사는 2020년 9월 말을 기준으로 목회자들이 교회의 상황을 어떻게 파악하고 있으며, 주일학교의 예배는 어떻게 드리고 있는지, 교회가 현재 맞닥뜨린 문제점과 어려움이 무엇이라고 생각하는지 등을 중심으로 현장의 목소리를 들어 보았다. 앞으로 교회학교가 나아가야 할 방향이 무엇인지를 보여 주는 귀한 지표가 되리라고 생각한다.[6]

다음 글을 읽기 전에 반드시 부록에 첨부한 "포스트 코로나 시대 교회학교 트렌드" 설문 조사 통계 및 정리를 읽어 보기를 권한다.

❶ 코로나 이후 교회학교 출석률 감소

코로나 사태로 인해 정부는 코로나 확진자 발생률의 정도에 따라 사회적 거리두기를 단계별로 시행했고, 교회 또한 이에 최대한 협조했다. 그 결과 지난해 전반적으로 교회학교 학생들의 출석률이 현저히 낮을 수밖에 없었다. 장년 예배는 정부의 권고대로 50명 이내의 인원으로 감축해 실시했으나, 주일학교 현장 예배는 시도하지 않은 경우도 많았다. 물론 이후에 온라인 예배를 신설하고, 줌(ZOOM)을 활용해 주일학교 예배를 드리기도 했다.

통계 결과를 보면 전반적으로 교회학교의 출석률이 감소했고, 재적의 절반 정도로 인원이 감소했거나, 심지어 교육부서의 존립 자체에 심한 타격을 입은 교회도 상당함을 알 수 있다. 예외적으로 교회학교 출석률이 증가한 경우도 있기는 하나 전체 비율상으로는 미미하다.

❷ 온라인과 현장 예배를 병행

2020년 9월 셋째 주를 기준으로, 대다수의 교회학교는 온라인 예배를 실시했다(46.6퍼센트). 그다음으로는 온라인과 현장 예배를 병행하는 교회도 많았다(26.2퍼센트). 인터넷 강국답게 코로나 발생 초기부터 개교회와 교역자들은 방송 촬영과 편집 및 송출에 역량을 발휘했다. 이에 따라 현재 많은 교회가 온라인 예배 플랫폼을 구축한 상태다. 통계를 보면 현장 예배를 드리는 교회도 있지만(14.4퍼센트), 교육부서 예배는 전혀 드리지 못하는 교회들도 존재한다(12.8퍼센트).

❸ 코로나 이후의 주일학교 운영

만약 효과적인 백신의 보급으로 코로나가 종식된다면 교회들은 주일학교를 어떻게 운영하려 할까? 60.2퍼센트의 응답자는 코로나 이전처럼 현장을 중심으로 운영할 계획이라고 대답했다. 다음으로는 오프라인을 중심으로 교회학교를 이끌어 가되, 온라인 플랫폼도 함께 운영할 계획이라 대답했다(36.2퍼센트). 극소수는 온라인을 중심으로, 오프라인을 함께 운영할 것이라는 견해를 내어놓았다(3.4퍼센트).

코로나 상황 속에서도 온라인을 통해 다양한 콘텐츠를 제공하고, 온라인을 통한 상담, 부서 활동 등을 활발히 하는 교회도 소수이긴 하나 존재한다. 그런 경우에는 온라인 사역을 통해서 교회 활동의 폭을 넓히고, 오프라인 만남으로 성도 간 결속을 강화하는 방식도 고려할 수 있다.

❹ 온라인 예배에 대한 학생들의 반응

조사 결과, 온라인으로 예배를 드렸을 때 대다수의 학생이 처음에는 흥미를 나타냈지만, 시간이 갈수록 관심도가 떨어진 것으로 나타났다(51.2퍼센트). 아무래도 지속적으로 양질의 콘텐츠를 제공하기가 쉽지 않기 때문으로 예상한다. 더불어 온라인의 특성상, 아무도 제어하는 사람이 없고, 컴퓨터 화면 앞에서 다른 생각이나 행동이 가능하기 때문이다. 이어지는 응답은 서서히 온라인으로 예배드리는 체제에 적응했다는 대답이다(18.6퍼센트). 세 번째로 온라인이나 오프라인이나 별 차이가 없다는 대답은 응답자의 14.2퍼센트였다.

일반적으로 현 시스템 수준에서는 온라인의 장점을 살리기가 쉽지 않겠지만, 앞으로 가상현실과 증강현실을 접목한 플랫폼이 등장한다면 어떤 대답이 나올지 궁금한 대목이다.

❺ 온라인 예배의 장점

온라인 예배의 장점에 대해서는 전염병과 같은 비상 상황에서 안전하게 예배를 드릴 수 있는 점(77.2퍼센트), 시간과 장소의 제약이 없는 접근의 용이성을 대답했다(70퍼센트). 오프라인 예배가 '공간'의 동일성에서 진행된다면, 온라인 예배는 '시간'의 동일성에서 진행되는 차이점을 띤다. 그러므로 온라인은 시간의 동시성으로 공간의 차이를 극복하는 시스템이다. 그러나 현재까지는 온라인에 대한 긍정적 반응보다는 부정적 측면에 더 무게가 실린다.

❻ 온라인 예배의 단점

온라인 예배의 단점으로는 교회의 공동체성 저하를 1순위로 꼽았다(68.2퍼센트). 아무래도 한 개인이 화면 앞에서 예배를 드리다 보니, 공동체성과 일치감을 느끼기가 쉽지 않기 때문일 것이다. 물론 줌(ZOOM)과 같이 실시간 상호 작용이 가능한 프로그램이 있지만, 현장성을 담지하기가 쉽지 않다. 둘째로는 예배를 드리기 위해 꼭 교회를 가야 하나 하는 생각을 불러일으킨다는 우려가 뒤를 이었다(58.6퍼센트). 온라인으로도 예배할 수 있고, 언제든지, 어떤 상황 속에서도 예배를 드릴 수 있다면 '꼭 교회에 가야 하는가?' 하는 인식이 평신도 사이에 퍼질 것을 우려하는 목소리였다.

온라인 예배가 교회론에 대해 재고하게 만든다고 말하는 의견도 들렸다. 결국 온라인 예배로 작은 교회는 보다 힘들어지고, 좋은 콘텐츠의 제공이 가능한 대형 교회로 사람들이 몰리게 될 것이라는 염려 섞인 응답도 이어졌다.

❼ 코로나 이후 교회학교에 대한 부모의 반응

주일학교 자녀를 둔 성도들의 약 60퍼센트가 코로나19 바이러스의 전염 가능성이 크기 때문에 자녀들이 교회학교 예배를 가지 않았으면 한다고 대답했다. 코로나19의 치명적인 전염성을 경계하는 동시에, 현 시대는 각 가정마다 자녀 수가 많지 않기에 더욱 조심스러워하는 것은 아닌가 짐작한다. 물론 과거와 변함없이 예배드리기를 원하는 부모도 있다(18.6퍼센트).

다음으로는 가정에서 온라인으로 예배하기를 원한다는 응답과(12.4퍼센트) 자녀를 자신과 함께 장년 예배에 참석시키고 싶어 한다는 의견이 뒤를 이었다.

❽ 코로나 이후 교회학교의 변화 예측

코로나 사태 이후 교회학교가 어떻게 될 것인지를 묻는 항목에서는 예배 모임에 대한 생각의 변화가 있을 것이라는 의견과(80.6퍼센트) 코로나 전염과 관련해 교회에 대한 부정적 이미지 증가로 교회학교가 위축될 것이라는 의견이(63.4퍼센트) 가장 많았다. 이어서 교회 간 수평 이동이 많아질 것이라는 예측이 다음 순위를 차지하였다. 코로나 사태 속에서도 대단한 유튜브 조회 수를 기록한 교회들이 몇 있다. 온라인 시스템을 통해 성도들이 이 채널과 저 채널을 횡단하며 소비자 마인드를 경험하게 되면서, 보다 좋은 콘텐츠를 제공하거나 자신들의 취향 또는 선호에 맞는 교회를 찾아 옮길 가능성도 있다.

❾ 코로나 시대, 사역자로서의 고민

코로나 사태를 지나며 교회마다 많은 고충을 겪는다. 특히 교회학교의 일선 현장에서 분투 중인 사역자들은 어떤 어려움들을 토로할까?

가장 큰 난제는 매주 담당해야 하는 영상 촬영 및 편집, 교재 제작 등에 대한 고민이다(39.8퍼센트). 온라인 체제가 길어질수록 수준 높은 콘텐츠를 매주 제작해야 하는 것은 이 분야의 비전문가인 교역자들에게는 짐이 아닐 수 없다. 신학대학원 커리큘럼에 이러한 부분을 포함해야 한다는 주장도 나왔다.

둘째로는 교역자와 성도 간 견해의 차가 커지는 것을 꼽았다(25.6퍼센트). 코로나 사태를 겪으며 '교회란 무엇인가?', '예배를 모여서 드려야 하는가?', '십일조나 특별한 헌금을 해야 하는가?'와 같은 이슈에 대해 교회의 전통적인 가르침과 성도의 생각이 굉장히 다르게 나타나는 부분이 많아졌다. 교역자들은 이러한 생각의 차이가 앞으로 교회 생활에서 이슈가 될 것을 지적했다.

다음으로 사역자의 정체성 혼란을 꼽았다(15.8퍼센트). 설교와 기도, 훈련 등 전통적으로 목회자에게 요구되던 부분보다, 부차적으로 감당하고 학습해야 할 요소가 많아졌기 때문이 아닐까 판단한다. 작은 교회를 담임하는 목회자는 이 모든 것을 홀로 담당해야 하는 경우도 생기기 때문에 앞으로도 많은 부담이 있으리라 생각한다. 그 외에도 성도의 교제를 어떻게 회복할 것인지와 목회자 본인이 사역의 기회를 잃을지 모른다는 불안감 등을 토로한 답도 있었다.

⑩ 효과적인 다양한 비대면 프로그램

현재 교회가 실시하는 다양한 비대면 프로그램 중 가장 효과적이라고 생각하는 것은 '가정예배 가이드'로 나타났다(47.8퍼센트). 매주 교역자들이 지혜를 모아 가정에서 활용할 수 있는 예배 순서지와 신앙생활에 필요한 내용을 제공하는 방향이 적실하다고 판단한 것이다. 온라인 큐티와 같은 형태의 말씀 묵상이 가능하도록 교회가 도움을 제공하는 것이 그다음을 이었다(42.6퍼센트). 또한 온라인 성경학교, 온라인 분반공부 또는 그룹별 소모임, 온라인 교사대학 등의 프로그램이 순위를 차지했다.

"포스트 코로나 시대 교회학교 트렌드" 설문 조사를 기반으로 한 교회학교 전망

부록에 첨부한 설문 조사 "포스트 코로나 시대 교회학교 트렌드"의 통계는 국내의 500여 개 교회를 조사한 것이기 때문에 한국 교회 전체라고 일반화할 수는 없다. 교단별로, 교회별로, 교회 안의 부서별로 다양한 사례가 존재할 것이다. 그러나 이 설문은 현재 코로나 사태를 바라보는 목회자(혹은 교사)의 인식과 앞으로 교회학교의 미래가 어떠할지에 대한 대략적인 전망을 가능하게 한다.

기실 코로나 사태 이전에도 주일학교는 서서히 쇠퇴했다. 무엇보다 부모 세대와 자녀 세대인 중고등부 및 청년 세대의 복음화율을 비교하면 현 상황이 얼마나 심각한지 단번에 알 수 있다. 2015년 4월에 발표한 한국 갤럽의 통계 자료에 따르면, 한국 전체 성인 인구 중 기독교인 비율이 21퍼센트다.[7] 반면 한국대학생선교회에서 발표한 중고등부 복음화율은 3.8퍼센트에 그쳤다.[8] 과거에 비해 절대적인 학생 인구 자체가 급격히 감소했는데, 그중에서도 10대와 20대의 복음화 수치는 교회학교의 전망을 암울하게 한다. 이런 상황 속에서 코로나 사태가 일어나 엎친 데 덮친 격이 되었다. 앞으로 교회학교가 걸어야 할 길이 험난할 것을 예견케 한다.

2018년 대한예수교장로회 통합 측 총회정책협의회에서 발표한 자료를 보면, 중고등부가 없는 교회가 48퍼센트, 유초등부가 없는 교회가 47퍼센트, 유치부가 없는 교회가 57퍼센트, 유아부가 없는 교회가 97.4퍼센트, 영아부가 없는 교회는 78.5퍼센트에 달한다.[9] 다른 교단도 이와 크게 다르지 않은 상황이다.

OECD 국가 중 초고령화 속도 1위가 대한민국이며, 2019년 출산율이 0.92명으로 1명이 채 되지 않는 상황은 교회가 급속히 고령화될 것이며 교회에서 어린이를 보기가 쉽지 않을 것임을 예측하게 한다.[10]

무엇보다 코로나 사태 속에서 교회 내 젊은 부모들이 감염의 위험 등을 이유로 자신의 아이들을 교회학교에 보내지 않거나, 보내지 않았으면 한다는 통계 결과들은 과거와는 달리 교회학교 부모의 생각도 많이 변화했음을 시사한다. 뿐만 아니라 크고 작은 코로나 감염에 교회가 원인을 제공한 데 대한 과오가 언론에 대대적으로 보도되며, 한국 사회에 교회의 이미지가 부정적으로 비친 일은 앞으로 전도가 쉽지 않을 것이라 예상케 한다. 이와 같은 상황을 종합해 볼 때, 교회학교의 쇠퇴가 수십 년 앞당겨졌다고 해도 과언이 아니다.

❶ 교회교육의 양극화

코로나 상황 속에서 교회교육은 극심한 양극화 현상을 보인다. 대형 교회는 가용한 인적, 물적 자원이 풍성해 단기간에 수준 있는 온라인 시스템을 구축할 수 있었다. 교육 디렉터를 두었을 뿐 아니라 가정에서 활용이 용이한 양질의 다양한 자료를 제공함으로 온라인 플랫폼의 장점을 유감없이 발휘하였다. 주일예배 실황뿐 아니라, 가정예배를 돕는 동영상 제공, 가정에서 체험하는 주일 2부 활동 자료들을 개발해 성도와 공유했다.

청소년부나 청년부의 경우, 유튜브 생방송 형식을 취해 실시간 소통이 가능했을 뿐 아니라, 줌(ZOOM)을 활용한 소그룹 모임, 상담 등을 실시해 좋은 반응을 얻기도 했다. 모 교회 찬양팀은 유튜브 1,000만 조회 수를 기록해 신문에 보도되기도 했다. 그만큼 새로운 상황에 잘 준비된 교회들은 이번 코로나 사태를 통과하며 오히려 자신을 알리는 계기로 삼기도 했다.

이에 반해 소형 교회는 극심한 어려움을 겪어야 했다. 1인 다역을 맡아야 하는 부교역자들은 매주 공예배 영상을 송출하기에 급급할 만큼 바쁘고 힘든 상황을 겪었다. 결국 작은 교회 안에서 장애인부, 노년부, 주일학교는 자체 예배와 모임을 가지지 못하며 오랫동안 방치되거나 소외를 경험하기도 했다.

이와 같은 교회교육의 부익부 빈익빈 현상은 앞으로도 가중할 전망이다. 몇몇 교회는 코로나 상황 속에서도 온라인 시스템과 현장 시스템을 조화롭게 잘 운용하여 성공을 거두었다고 사례를 말하기도 하지만, 국내 교회의 절대 다수를 차지하는 작은 교회들은 더욱 어려움을 겪게 될 것이다. '균등하게 함'(고후 8:13)의 정신으로 큰 교회가 가진 플랫폼과 소프트웨어를 어떻게 하면 적절히 나눌 수 있을지 고민해야 할 때다.

❷ 온·오프라인 플랫폼 논쟁

현재 온라인 예배와 현장 예배에 대한 논쟁이 뜨겁다. 예배학자로서 코로나 기간 동안 그 어느 때보다 많은 사람의 관심과 질문을 받으며, 이에 대해 연구 중이다. 공저자로 참여한 『회복하는 교회: 우리가 다시 모일 때』에서 예배학자 입장에서 예배의 참된 의미가 무엇인지, 교회론적 차원에서 공동체성을 어떻게 구현할 것인지, 신앙 형성적 차원에서 예배 모임의 중요성에 대한 논의를 "예배의 회복: 하나님 중심적인 예배를 회복하라"라는 제목 아래 개진했다.

교회교육 영역에서는 온라인 플랫폼을 지혜롭게 사용해야 한다. 4차 산업혁명으로 공교육 형태가 변한다면, 결국 교회교육도 온라인 교육의 장점을 살릴 필요가 있다. 우리 아이들이 태블릿, 휴대폰, 컴퓨터 등의 매체로 실시간으로 다양한 콘텐츠를 하루 종일 접하고 있다면, 그것의 사용을 막을 길이 없다. 이러한 흐름이 싫다면 아미시(Amish)와 같이 산속으로 들어가 공동체를 이루어야 할 것이다. 그러나 이 세상에 속해 살고 있다면, 오히려 능동적이고 적극적으로 온라인 세계를 거룩케 하는 방식을 택하는 쪽이 지혜롭다. 왜냐하면 이 세상에는 하나님의 영역이 아닌 곳이 없고, 현실 세계뿐만 아니라 온라인 세계도

하나님의 손안에 있기 때문이다.[11]

그러므로 우리는 이런 물결들을 피할 수 없다면, 어떻게 교회교육이 세파 속에서도 살아남을 수 있을지 고민해야 한다. 지금껏 우리가 강조했던 성경의 진리와 신앙고백을, 주일뿐만이 아닌 평일에도 온라인 환경에서 다양한 패턴으로 배울 수 있도록 연구해야 한다. 앞으로 급진적으로 발전할 여러 기술을 교회교육의 영역에서도 활용할 필요가 있다.

어떻게 하면 온라인 세계와 현실 세계를 이을 수 있을까? 모임의 중요성이 훼손되지 않으면서도 흩어져 살아가는 일상 속에서 어떻게 하면 그리스도인의 정체성을 견지할 수 있을 것인가 고민해야 한다.

❸ 교단 차원의 플랫폼 구축과 소프트웨어 제공 필요

이미 4차 산업혁명은 시작되었고, 뜻하지 않은 코로나 사태는 공교육의 지형도를 바꾸어 놓았다. 이미 초·중·고등학교에서는 온라인 수업이 다양한 패턴으로 진행 중이다. 녹화 또는 실시간 쌍방향 강의, 실시간 토의 및 과제 제출 등의 다양한 방법으로 온라인 플랫폼이 정착되었다.[12]

이제 이러한 수업 방식은 우리의 생각 이상으로 더욱 발전할 것이고, 코로나 이후에도 공식적인 교육 방법으로 정착하게 될 것이다. 이러한 트렌드에 발맞추어 교회교육의 지형도도 변화하고 있다. 이번 설문에서도 알 수 있듯이, 코로나 사태가 끝이 나도 온라인 플랫폼은 교회교육의 영역에서 한자리를 차지하는 정도에 그치지 않고, 더욱 중요하게 부각될 수도 있다. 문제는 일반 교육의 영역에서 발전하는 교육 플랫폼과 소프트웨어 개발에 못지않게 교회교육도 수준 이상의 자료들을 지속적으로 제공해야 할 필요가 따른다는 점이다.

이것은 개교회가 감당할 수 있는 일이 아니다. 교단 차원에서 담당해야 할 일이다. 사실 초대형 교회들은 한 교단의 교육위원회가 할 수 있는 수준보다 훨씬 더 많은 물량과 연구 자원의 투입이 가능하다. 그러나 그것을 중형 혹은 소형 교회들과 아낌없이 나눌 마인드 구축은 어려워 보인다. 교단은 교육위원회를 통해 각 교회에서 사용 가능한 온라인 플랫폼과 소프트웨어를 제공하도록 힘을 모아야 한다.

언젠가 관계자들로부터 한 교단의 전체 교재 개발비가, 모 유명 어린이 사역단체 연구비에 비해 턱없이 적다는 이야기를 들었다. "다음 세대를 살리자"라는 구호만 외칠 것이 아니라, 지금이 교회가 투자할 수 있는 마지막 골든 타임이라는 생각을 가지고 새 시대의 교육 변화를 준비해야 한다.

이를 위해서 신학대학원의 커리큘럼이 조정될 필요성도 보인다. 현재 이론 신학 중심의 커리큘럼이 4차 산업 시대 속에서 어떻게 개선되어야 할지 고민이 필요하다. 교회교육에 대해 잘 모르는 목회자가 많다는 현장의 푸념이 종종 들린다. 그러나 사실 그 책임을 목회자에게만 물어서는 곤란하다. 성경신학, 조직신학, 역사신학 중심의 현 신학대학원 커리큘럼에서 교회교육의 현장을 세세히 살핀 실천적 공부를 해나가기에는 결코 만만치 않기 때문이다.

각 교단과 교단의 신학교에서는 4차 산업 시대에 적극적으로 응전하는 신학 교육의 변화를 진지하게 고민해야 할 때다. 과거의 틀에서 벗어나지 않으면 도태하고 만다. 우리의 성도들은 21세기 시대와 문화의 틀에서 교육을 받기 때문이다.

❹ **신앙 교육에서 부모의 중요성**

본 설문 통계 자료를 통해, 코로나 사태 동안 학생들이 교회학교에 출석하고 가정예배를 드리는 데에는 부모의 마인드와 역할이 가장 중요함을 알 수 있었다.

아이의 신앙 교육에 있어서 가정의 역할이 가장 중요하고, 가정의 기독교적 분위기는 부모의 신앙과 밀접한 관계를 지닌다는 것은 자명한 이야기다. 우리는 늘 이 중요한 사실을 간과하곤 한다. 어리면 어릴수록 부드러운 마음을 가지고, 부모의 가르침에 영향을 받을 가능성이 높음을 우리는 신앙 발달 이론을 통해 잘 알고 있다. 에릭 에릭슨(Erik H. Erikson)이 강조하듯이, 부모와의 신뢰(trust)가 중요하다. 아이들은 부모로부터 사랑을 받고 있다는 신뢰 아래 건강하게 성장한다.[13]

신앙 영역도 마찬가지다. 존경할 만한 부모, 신앙심이 투철한 부모, 성경 말씀을 가르칠 때와 생활 속에서의 모습이 동일한 부모를 보며 아이들은 신뢰의 감각을 키운다. 그리고 이러한 신뢰는 종교적 씨앗으로 심겨, 아이들의 마음속에 종교심을 불러일으킨다. 이런 마음의 토

양은 하나님의 말씀이 자라는 좋은 모판을 제공한다.

앞으로 교회는 부모 교육에 중점적 투자와 관심을 아끼지 말아야 한다. 부모 교육에 교회교육의 성패가 달려 있다. 위축되는 교회의 현 상황을 돌이킬 수 있는 마지막 보루는 역시 30-40대 부모들이다. 그들이 믿음으로 각성해 자녀에게 철저한 신앙 교육을 실시하며, 삶으로 모범을 보이는 방법 외에는 자녀 세대의 신앙을 키우기가 불가능한 상황으로 치닫고 있다. 사회의 대중매체는 교묘하게 교회를 부정적으로 묘사한다. 많은 국민이 교회를 매서운 시선으로 보고 있을 뿐 아니라, 교회 내 성도들 간에도 다양한 의견이 충돌한다. 복음의 문이 점점 닫히는 상황 속에서 각 가정 내 신앙의 결단과 회복이 필요하다. 이를 위해서 교단은 부모 교육을 위한 교재를 개발하고 가이드라인을 제시해야 한다.

❺ 그럼에도 불구하고 포기할 수 없는 전도

아무리 전도가 힘들어 보이는 상황이라 할지라도 우리는 전도를 포기할 수 없다. 왜냐하면 하나님은 '전도의 미련한 것'(고전 1:21)을 통해 믿는 자들을 구원하기를 기뻐하시기 때문이다. 아무리 말세라 할지라도 복음 전도와 선교는 멈출 수 없다. 예수 그리스도가 다시 오시는 그날까지 교회는 존재할 것이며, 하나님이 작정하신 사람들은 그분을 믿을 것이다. 그러므로 우리는 포기하지 말고 묵묵히 각자의 사명을 다해야 한다.

코로나 사태로 교회가 무척이나 힘들어졌다. 교회마다 힘들지 않은 곳이 없다. 신학교도 힘들고, 선교단체도 어렵고, 성도의 삶도 무척이나 팍팍하다. 이러한 시기를 통해서 하나님이 우리에게 무엇을 요구하시는지를 진지하게 성찰해야 한다. 그리고 어떻게 다시 세상 속으로 나아가서 하나님의 일을 감당해야 할지 고민해야 한다.

복음 전도는 포기해서는 안 되며, 교회학교도 전도에 대한 야성을 견지해야 한다. 어떻게 하면 우리 교회가, 우리의 교회학교가 '선교적'이 될 수 있을까? 급변하는 사회 환경과 상황 속에서 우리는 비둘기같이 순결하고, 뱀과 같이 지혜로운 전략을 구상해야 할 것이다. 언택트 시대, 온라인 시대, '종교 없음'이라고 답하는 이 시대에 교회의 교회 됨을 어떻게 구현할 수 있을까? 무엇으로 불신자에게 다가갈 수 있을까? 어떠한 삶으로 하나님을 나타낼까? 어떻게 하면 교회에서의 신앙생활과 공적 영역에서의 삶이 일치할 수 있을까? 이러한 고민을 교회교육의 커리큘럼 속에 주요하게 반영해 담아내야 한다.

초대교회 때도 성도들은 세상의 핍박과 비난, 오해를 받았다. 그러나 그들은 '교회 됨'을 통해 그들의 신앙고백을 세상 속에서 이웃 사랑으로 구현했다. 이러한 일치의 모습은 불신자들을 감동시켰고, 복음이 확장되는 역사로 이어졌다. 하나님은 태초부터 역사하셨고 영원히 우주를 다스리신다. 이 믿음을 가지고 포기하지 않기를 바란다. 코로나 19로 고통받는 이 순간에도 코로나 이후의 교회교육을 구상하며 기도하면 좋겠다.

위기 상황에서 우리는 의기소침한 채로 관망만 할 수는 없다. 이 시기를 교회에 닥친 환란으로만 여기고 수세적 자세를 취한다면 지금의 고난이 아무 유익이 없을 것이다. 이 시기는 지금까지의 사역, 특별히 교회교육의 발자취를 되돌아볼 때다. 동시에 앞으로 교회교육의 방향을 재정비할 기회의 때이기도 하다. 작금의 문제를 교회가 어떻게 다루고 보다 넓은 시야에서 교회교육의 차별성을 추구할지 숙고해야 할 때다.

아우구스티누스(Aurelius Augustinus)의 시간관에 기초해서 생각해 본다면, 우리가 서 있는 현재라는 이 시점은 과거 교회교육의 전통과 연속적 흐름 속에서, 미래 교회교육에 대한 기대가 동시에 역동적으로 흘러들어온다. 물론 미래는 아무도 정확히 예측할 수 없고, 하나님만이 아시는 영역이다. 그러나 과거의 전통과 현재 형편을 정확히 판단할 수 있다면, 미래의 방향성을 논의함이 무의미하지는 않으리라 기대한다. 숨겨진 방정식에서 하나의 X값을 찾아내는 일이 될 것이다.

이어지는 제2부에서는 어떻게 하면 현재의 교회교육을 보완하고, 코로나 이후 새롭게 나아갈 수 있을지 대안들을 제시하도록 하겠다.

돌아보며 생각하기

코로나 이후의 교회교육 생태계

◎ 코로나 사태 이후 교회교육 생태계는 급변하고 있다. 먼저 교회교육의 양극화 현상이 일어나고 있다. 인적, 물적 자원이 충분한 몇몇 교회들이 성공 사례를 이야기하기도 하지만, 절대 다수를 차지하는 작은 교회들은 너무나도 힘겨워한다.

◎ 온·오프라인 플랫폼 논쟁이 뜨겁다. 교회교육 영역에서는 온라인 플랫폼을 지혜롭게 사용해야 한다. 지금껏 우리가 강조했던 성경의 진리와 신앙고백을 주일뿐 아니라 평일에도 온라인 환경에서 다양한 패턴으로 배울 수 있도록 연구해야 한다.

◎ 그러나 예배의 문제는 단순하지 않다. 코로나 이후 '주일 성수', '공동체와 회집의 중요성'에 대한 성도들의 인식이 바뀌고 있다. 모임의 중요성이 훼손되지 않으면서도 흩어져 사는 일상 속에서 어떻게 하면 그리스도인의 정체성을 견지할 수 있을 것인지 고민해야 한다.

◎ "다음 세대를 살리자"라는 구호만 외칠 것이 아니라 지금이 교회가 투자할 수 있는 마지막 골든 타임이라는 생각으로 새 시대의 교육 변화를 준비해야 한다.

◎ 무엇보다 중요한 것은 부모의 교육적 마인드와 가정에서의 역할이다. 앞으로 부모를 어떻게 교육하는가에 교회교육의 성패가 달려 있다.

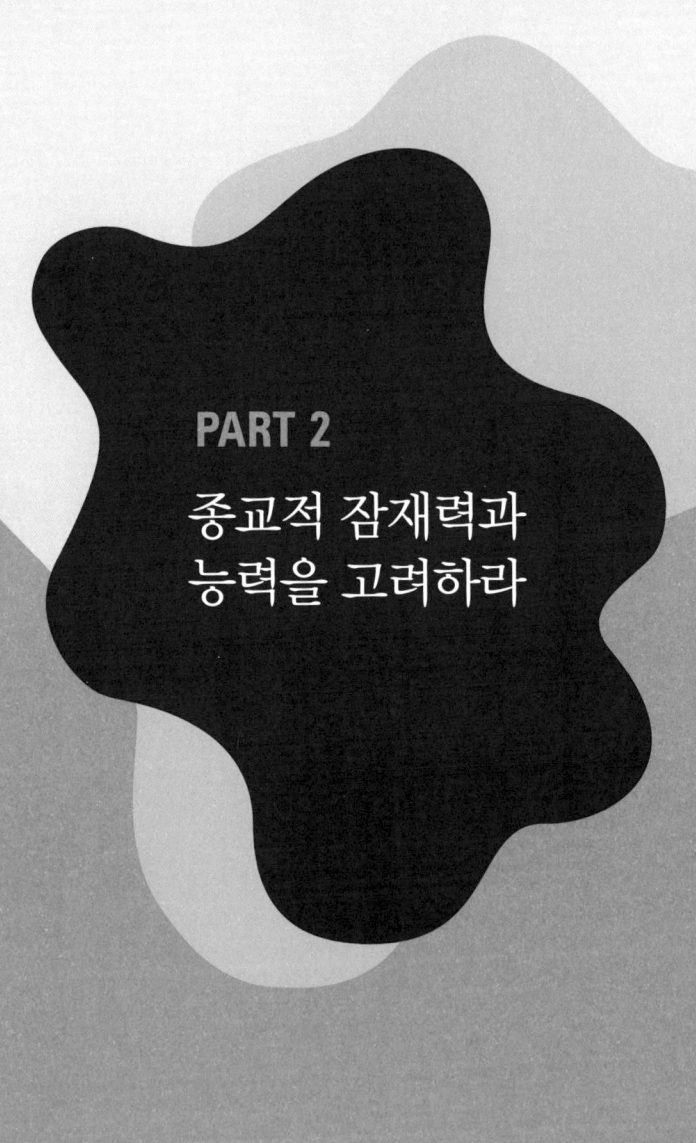

PART 2
종교적 잠재력과
능력을 고려하라

- 잠재력에 주목하라
- 암묵적 지식을 기억하라

비대면 시대 교회교육 살리기
미래 교회교육
지도그리기

『바보 빅터』라는 책이 있다. 2012년, 세상에 이 책이 첫 선을 보였을 때, 20개 이상의 언어로 번역되어 전 세계에 소개되었으며, 50만 부 이상이 팔렸을 만큼 큰 관심을 받았다.[1]

이 책은 자신이 바보인 줄로 알았던 지능 지수 178의 천재이자 국제 멘사협회 회장을 지낸 빅터 세리브리아코프(Victor Serebriakoff)의 실화를 담았다. 빅터는 어린 시절 말을 더듬고 행동이 느리다는 이유로 인지 장애 진단을 받게 된다. 남들이 자신을 바보라 여기자, 스스로도 바보라 생각하고 17년을 그렇게 산 인물이다.

그도 그럴 것이 초등학교에서 지능 지수 검사를 했는데, 담임교사인 로널드는 '173'이라고 기록된 빅터의 지능 지수 결과지를 '73'으로 읽었다. 사람은 자기가 생각하고 믿는 대로 보는 법이다. 그에 대한 선입관과 편견이 아동의 가치와 잠재력을 보지 못하게 만들고, 눈을 흐리게 했다. 비단 주변 사람만의 잘못은 아니었다. 빅터 또한 자신감과 자기 확신을 가지지 못한 채 타인의 판단과 기준으로만 자신을 평가하고 오랜 세월을 고통스럽게 보냈던 것이다.

시간이 지난 후에야 빅터는 자신의 실제 지능 지수가 173임을 알게 되었고, 그때부터 여러 경험을 통해 자존감과 자신감을 회복했다. 그 이후 그의 삶은 바뀌었고 끝내 국제멘사협회의 회장이 되어 많은 일을 멋지게 감당했다.

우리는 어떤 태도로 우리에게 맡겨진 영혼을 대하는가? 이 책을 읽는 독자들 가운데에는 교회학교 교사, 학부모 또는 일선 현장에서 아이들을 만나는 분이 많을 것이다. 여러분이 지도하는 아이들을 어떠한 마음으로 대하는가? 그들의 발전 가능성을 염두에 두고 아이들을 만나는가? 그들이 그리스도의 장성한 분량이 충만한 데 이르기까지 꽃피우리라 생각하고 아이들을 섬기는가? 아니면 매번 실망스러운 아이들의 언어와 태도에 '그래, 사람은 모두가 죄인이야! 이제 나도 모르겠어!'라는 부정적인 마음을 가지고 고통스러운 시간이 흘러가기만을 기다리는가?

잠재력에 주목하라

우리가 어떤 태도를 가지고 다음 세대를 대하느냐의 문제는 정말로 중요하다. 왜냐하면 관점에 따라 교육 계획과 실행이 달라질 것이고, 이는 결국 결과 차이로 이어지기 때문이다.

일반적으로 아이의 논리와 언어 표현이 어른들의 기대를 만족시키지 못하기에, 아이의 종교적 잠재 능력을 간과하는 경향이 있다. 부족한 표현력과 논리적 사고의 결여는 어른들로 하여금 아이의 마음속에 진정한 믿음이 있는지를 의심하게 한다. 그러나 어린이들에게도 심오한 종교적 능력이 있다.

월터 완저린(Walter Wangerin)은 다음과 같이 주장한다. "어린이가 언제부터 하나님과 춤을 추기 시작하는지 말할 수 있는 사람이 어디에 있는가? 아무도 없다. 하나님과의 관계는 안개 속에서 시작한다."[2] 또한 스코티 메이(Scottie May)는 "심지어 두세 살 된 어린아이들도 찬양하고 감사를 표현할 수 있다"라고 말한다.[3]

아이를 키워 보았거나 돌본 경험이 있는 분은 이 주장에 동의할 수 있을 것이다. 종교심은 지적 능력이 성숙한 뒤에만 나타나지 않는다. 인생의 어느 시점에서도 발현되고 경험될 수 있다. 존 칼빈(John Calvin)이 말했듯 인간에게는 '종교의 씨앗'이 있다.[4] 종교심은 성별, 능력, 인종, 나이에 상관없이 모든 인간이 지닌 공통된 특성이다.

신앙이란 종교에 대한 내용을 인지하는 것 이상의 차원을 지니며, 하나님에 대한 인격적 반응과 교제를 포함한다. 어떤 특정한 지식에 대한 논리적 설명이 공교하지 않다고 그것이 지식의 결여를 의미하는 것은 결코 아니다.

미국 듀크대학교에서 오랫동안 교육학을 가르쳤던 존 웨스터호프(John Westerhoff)의 설명에 귀를 기울일 필요가 있다. 그는 나무의 몸통(trunk)의 예를 들며 어린이와 어른의 믿음의 공통점과 차이점에 대해 설명한다. 그는 나무의 나이테를 비유로 들어 이렇게 주장한다. 나이테는 세월의 흐름에 따라 하나씩 증가한다. 그런데 나이테가 하나만 있는 것도 나무이고, 여러 개 있는 것도 나무다. 나이테의 숫자나 나무의 크기와 상관없이 나무라는 본질은 동일하다. 믿음도 마찬가지다. 어린아이와 어른의 믿음의 본질은 동일하다. 다만 논리의 수준과 표현 능력의 세밀함에서 차이를 보일 뿐이다.[5]

웨스터호프의 설명은 어른들로 하여금 어린이라는 존재를 어떻게 바라보아야 할 것인지, 그들을 어떤 태도로 지도해야 할 것인지에 관한 귀한 교훈을 제공한다.

어른들의 관점에서 아이들의 신앙을 함부로 재단하고 평가하는 것은 성급한 일이다. 분명 아이들의 논리와 어른들의 논리, 어린이들의 믿음 표현과 어른들의 그것은 차이가 있다. 그러나 그 표현이 결정적인 것은 아니다. 아이들이 비록 때로는 떠들기도 하고, 교사의 말을 귀담아듣지 않는 것처럼 보이기도 하겠지만, 인내를 가지고 그들과 대화해 보면, 단순한 언어 표현 속에도 심오한 믿음의 표현이 존재함을 확인할 수 있다.

조지 마스든(George M. Marsden)의 『조나단 에드워즈 평전』을 보면, 에드워즈는 9살 때 '심오한 대각성'(remarkable sense of awakening)을 경험했다는 이야기가 나온다.[6] 그 시대보다 교육 여건과 환경이 발달한 현대에는 보다 이른 나이에 하나님을 영접하고 고백한다는 다양한 간증이 우리에게 많이 알려진 바다.

암묵적 지식을
기억하라

아이들의 잠재력은 마이클 폴라니(Michael Polanyi)의 '암묵적 지식' 이론에 의해서도 잘 설명될 수 있다. 폴라니의 여러 저서들 가운데 가장 영향력이 큰 책은 『암묵적 영역』이다. 그 책의 내용을 한마디로 요약하면 다음과 같다. "우리는 우리가 말할 수 있는 것보다 훨씬 더 많이 알고 있다."[7]

짧은 명제지만, 정말 의미심장한 말이 아닐 수 없다. 설사 우리가 말로 능숙하게 표현하지 못한다 할지라도 그것이 지식의 부재를 의미하지는 않는다.

예를 들면, 오랜 세월 동안 신앙생활을 했다 할지라도 우리는 삼위일체 교리를 신학적으로 선명하고 명확하게 설명하기가 쉽지 않다. 삼위하나님의 신비는 인간의 언어를 뛰어넘지만, 우리는 예배와 기도, 송영을 통해 하나님과 교제하고 경험하며 지식을 얻는다. 종말론에 대한 다양한 견해를 설명하는 일도 마찬가지다. 신자들 가운데는 머릿속에 추상적인 지식이 구조화되어 있지만, 그것을 인출해 설명하는 데 어려움을 겪는 경우 또한 많다.

폴라니는 지식을 두 가지, 곧 명시적 지식과 암묵적 지식으로 나눌 수 있다고 주장한다. 명시적 지식이란 말 그대로 우리가 공부하며 익히는 종류의 지식이다. 우리는 때때로 설명을 들으며, 암기를 통해 명시적 지식을 습득한다. 그러나 암묵적 지식 또한 필요하다. 자전거를 타는 법, 수영하는 법, 복식 호흡 하는 법, 필라테스를 하는 법 등은 책으로 학습할 수 있는 지식이 아니다. 몸의 실천과 현장 참여를 통해 배울 수 있다.[8]

우리의 지식 획득은 단순히 주입식 학습과 암기로만 이루어지는 것은 아니다. 교육은 책상머리에서만 일어나지 않고, 삶의 모든 부분을 통해서 일어난다. 사람을 만나고 함께 대화하는 가운데, 같이 게임에 참여하여 경쟁하는 가운데, 직접 만져 보고 실천하는 가운데서도 일어난다. 그러므로 교육은 전인적이며 통전적이어야 한다.[9]

종교적인 지식 전수도 마찬가지다. 교리 교육과 성경공부가 교회교육에 있어서 가장 중요한 콘텐츠여야 한다. 말씀과 교리의 토대 없이 신자의 건전한 신앙 성장은 이루어지지 않는다. 그러나 그것만이 전부는 아니다. 교회교육은 단순히 지식 전수의 차원에 그쳐서는 안 된다. 성경공부와 교리 교육을 통해 명시적 지식을 얻음과 동시에 예배 참여, 공동체 속에서의 교제, 사회봉사 경험을 통해 배움과 성장을 경험해야 한다.

그러므로 기존의 교육 철학과 방법을 재고할 필요가 분명하다. 변하는 시대 가운데 우리의 교회교육은 이론과 실천을 아우르는 보다 통전적인 교육이 되어야 한다. 이를 위해서 아이들을 부족함과 미성숙함의 관점에서 바라보는 것이 아니라, 그들 마음속에 계시는 하나님의 역사를 기대하며 접근해야 한다.

아이들을 어떻게 바라보느냐, 그들을 어떻게 규정하느냐에 따라서 우리의 교육 방법은 달라질 수밖에 없다. 종교 교육은 일반 학문의 교육 방법과는 다를 수밖에 없다. 왜냐하면 하나님을 아는 지식은 머릿속에서만 일어나는 것이 아니라, 예배와 교육의 현장에서 실천을 통한 경험으로 형성되는 것이기 때문이다.

1장

정보 전달인가, 신앙 형성인가?

    미국 유학 생활을 마치고 가족들과 함께 2014년 여름 한국으로 돌아왔다. 오랜만에 한국에 돌아와 보니 사회, 문화 전 분야에 걸친 변화의 속도가 신선한 충격으로 다가왔다. 미국과는 비교할 수 없을 정도로 어디서나 초고속으로 연결 가능한 와이파이, 세계적 수준으로 급상승한 엔터테인먼트 산업, 한류 열풍을 선도하는 가수와 드라마, 요리와 음식에 대한 관심 증가를 보여 주는 수많은 맛집 정보들….

    그런데 이 모든 것 가운데 가장 충격적이었던 점은 초등학교 문제집의 난이도였다. 어느 날 아내가 초등학교 2학년 딸아이의 수학 문제가 너무 어렵다고 이야기를 했다. 필자는 호기롭게 '내가 이래 봬도 GRE에서 수학 만점을 받았다!' 하면서 문제를 살펴보았다. 그런데 필자가 짐작했던 초등학교 문제 유형과 너무나도 달랐다. 수학 시험이라고 하기에는 질문만 서너 줄로, 문장이 너무나도 길었다. 국어 능력과 종합적인 사고 능력이 없이는 해결할 수 없는 문제였다.

나름대로 열심히 풀어 큰 소리로 답을 외쳤다. 결과는⋯ 틀렸다. 아이들은 "아빠가 초등학교 2학년 문제도 틀렸대요!" 하고 놀렸다. 초등학교 수학 문제집은 과거와는 완전히 다른 유형의 접근 방법을 요구했던 것이다.

과거의 본고사가 학력고사로, 또다시 대학수학능력시험으로 바뀐 것과는 비교할 수 없을 정도로 많은 변화가 현재 교육 시스템 속에 녹아있다. 나아가 이와 비교할 수 없을 만큼 급격한 변화가 우리를 기다린다. 그것은 4차 산업혁명이다.

코로나19 바이러스 창궐로 변화의 속도가 가장 빨라지는 분야는 바로 교육 분과다. 2021년 서울 지역 초등학교 신규 교사 선발 예상 인원은 304명이다.[1] 2018년부터 교육부에서는 앞으로 10년간 신규 교원 임용 수를 6,000명가량 줄이겠다고 발표했다. 인구의 급감으로 학생 수도 줄고, 이로 인해 신규 임용 교사 수도 감소할 수밖에 없다. 나아가 4차 산업혁명과 인공지능의 도입으로 교사의 수는 급감할 수밖에 없을 것이다.

일반적으로는 공부를 잘하는 학생이 교육대학에 들어가 임용고시를 치른 후 교사가 된다. 그렇게 어려운 과정을 거쳐 대학 공부를 마쳤는데 일할 자리를 찾지 못한다면 얼마나 허망하겠는가. 필자의 외조모부터 부모님, 여동생 등 집안 구성원의 절반이 교육계에 몸담은 입장으로서 참 안타까운 일이 아닐 수 없다.

더불어 교육은 지식 습득 중심에서 더 나아가, 인공지능으로는 불가능한 창의적인 생각과 기술을 요구하는 방향으로 전환될 것이다. 물론 이 가운데 가상현실, 증강현실 등 여러 신기술의 융합으로 다양한 교육 매체가 학생의 학습 능률을 높이는 데 기여하게 될 것이다.[2]

즉, 4차 산업혁명은 기계화와 자동화로 사람의 손길을 최소화한다. 현재 각광받는 직업이 사라지게 될 것이며, 그에 맞춰 학교에서 무엇을 가르칠지가 조정될 것이다. 그렇다면 이런 사회와 교육의 변화가 교회교육에는 어떤 영향을 미칠 것인가? 성도들 또한 시대의 영향을 받는다. 사회의 변화, 교육 제도의 변화는 교회교육의 변화도 요구할 것이다. 코로나 사태를 겪고 있는 이때, 교회학교가 중단된 이 현실 가운데 우리는 교회학교의 생존을 위해 처절하다 싶을 정도로 새로운 교회교육의 방향을 설정해야 할 것이다.

변화하는 교육 환경, 변화의 필요성

필자의 중고등학교 시절 대학 입시 제도는 학력고사로, 수험생 사이에 유행하던 구호는 '삼당사락'(三當四落)이었다. 3시간 자고 공부하면 합격하고, 4시간 자면 떨어진다는 의미다. 수업 방식을 떠올려 보면 국어, 영어, 수학 외에 다양한 암기 과목에서 주요 내용을 얼마나 많이 외우느냐가 성적을 좌우했다. 당시 기술 과목에서 철을 비롯한 금속의 용해 온도를 척척 암기해 교과 선생님께 칭찬받았던 기억이 난다. 외우는 데는 자신 있던 필자는 고등학교 1학년 때까지 학교를 아주 신나게 다녔다.

그러던 중 2학년 때 입시 제도가 바뀌었다. 미국 SAT를 모델로 본뜬 수능, 곧 대학수학능력시험이었다. 수능은 학력고사와는 강조점이 달랐다. 암기는 기본이고 문제를 읽어 내는 힘, 응용력과 사고력을 묻는 문제가 대다수였다. 수능 제도와 함께 대학별로 본고사와 논술 시험도 치러야 했다. 본고사는 무엇보다 창의적이면서도 포괄적인 사고를 요구했다.

그렇게 입학해 대학 4년, 대학원 3년 과정을 공부했지만, 학습 패턴은 늘 비슷했다. 끊임없는 암기의 연속이었다. 헬라어, 히브리어, 독일어, 화란어 등을 배우거나 때로는 학원 수업과 과외를 받으며 외워야 했다. 공부는 곧잘 했지만, 재미있지는 않았다. 국방부에서 주최하는 군목 시험에 전국 수석으로 합격하기도 했고, 대학 시절 전설적인 평점을 남기기도 했다.

그런데 지금 생각해 보니 7년의 기간 동안 한 번도 수업 시간에 질문을 해본 기억이 없다. 말하자면 내 생각이 없었다는 것이다. 머릿속에 나만의 독창적인 아이디어나 숙고 없이 끊임없이 스펀지처럼 정보만 흡수하기에 급급했다.

변화는 유학 기간에 일어났다. 진짜 공부하는 방법, 학문하는 방법을 배운 것은 미국 유학을 통해서였다. 석사 과정 수업에 들어가 보니 일단 질문하는 것, 수업에 능동적으로 참여하는 태도가 점수로 평가되었다.

박사 과정에 입학하기 위해 평생 한 번도 해보지 않던 질문을 억지로라도 시도하기 시작했다. 질문을 위해서는 자료를 더 유심히 보거나 상대방의 이야기를 잘 들어야 했다. 그러다 보니 무비판적으로 흡수하는 차원에서 벗어나 나만의 독창적 사고를 하는 훈련이 되었다.

지금 생각해도 참 감사한 것은 글쓰기에 관하여 제대로 배우게 된 점이다. 북미의 저명한 예배학자이자 지도교수이신 존 위트블리트(Dr. John Witvliet) 교수님이 여름 방학 동안 필자를 연구실에 불러 일대일로 시간을 보내며 함께해 주셨다. 자료를 조사하는 법, 글의 구조를 세우고 논지를 정리하는 방법 등을 세심하게 지도해 주신 덕분에 스스로 공부하며 연구하는 기초를 닦을 수 있었다.

그 뒤 미국의 개릿신학교에서 예전학 박사 공부를 시작했다. 북미예전학계에서 인정받는 바이런 앤더슨 교수님이 어드바이저가 되어 주셨다. 그리고 석사 시절 필자를 격려하고 추가 장학금을 약속하셨던 잭 시모어 교수님이 두 번째 어드바이저가 되어 주셨다. 잭 시모어 교수님은 북미의 저명한 교육학자이며 오랜 기간 「종교 교육」의 편집장을 역임한 실력파 학자이시다. 그분의 여러 수업 가운데 '교육학 방법론 세미나'를 통해 주입식 교육의 단점과 비효율성을 절실히 깨달았으며, 어떻게 하면 학습자를 효과적으로 가르치며 성장시킬 수 있을지에 대해 배웠다.

이분들의 도움으로 필자는 2011년부터 북미의 유수한 저널들에 글을 기고할 수 있었다. 2013년에는 「기독교 교육」에, 2015년에는 예배학 분과의 최고 저널 중 하나인 「예배」에, 2017년에는 「호주 신학 저널」에, 2020년에는 북미예전학회(NAAL)에서 대표로 학술논문연구집에 게재되는 영광을 누릴 수 있었다.

여기서 필자의 자랑을 하려는 바가 아니다. 다만 교육의 방법론, 특히 교육의 초점이 바뀌어야 한다는 말을 하고 싶은 것이다. 이렇듯 귀한 스승들을 만나지 않았다면, 필자는 늘 자신만의 독창적인 연구와 생각이 없이, 남의 생각에 휘둘리는 삶을 살았으리라. 열심히 노력하나, 성취의 보람은 누리지 못했을 가능성이 다분하다. 훌륭한 스승의 지도 아래 다양한 교수법을 통해서 창의적 사고를 진작해 나갔으며, 다양한 분과의 지식을 하나의 통일된 주제 안에서 꿰는 융·복합 능력을 키울 수 있었다.

이와 같이 교육 환경이 변화해야 한다. 스스로 생각하는 힘을 길러주는 것이 필요하다. 주변에 물이 많아도 정작 마실 수 있는 식수가 없다면 극심한 갈증을 겪게 된다. 사고의 힘이 부재하면 남의 생각에 종속되어 살아야 한다. 늘 남이 쓴 책을 사서 읽지만 그 한계를 뛰어넘지는 못할 것이다.

신앙의 형성적 차원을
강조하는 교육

이 이야기를 바탕으로 교회교육을 다시 살피려 한다. 과거 40여 년 전 필자가 주일학교를 다녔을 때와 현재를 비교하면 많은 진보를 이루었으나 현상 유지에 급급한 측면도 보인다.

현대 과학 기술의 발전으로 하이테크(Hi-tech)가 로테크(Low-Tech)를 대체했다. 따라서 교회 주일학교의 예배와 교육 시스템을 보면 디스플레이, 컴퓨터 및 음향 등의 기술 영역에서 괄목할 만한 발전을 가져왔다. 이로 인해 다양한 패턴의 설교와 커뮤니케이션이 가능해졌고, 교회는 현대의 문화적 요소를 교육 환경 속에 적절히 도입했다. 특히 프레젠테이션 기술의 발전은 교회교육 속에서 학습의 효과를 높이는 데 기여했다.[3]

그러나 냉철하게 생각해 보면 교회교육의 패러다임은 크게 바뀌지 않고, 기술 사용의 패턴만 바뀐 것이 아닌가 하는 의문이 제기된다. 어떤 교육 철학을 가지고 어떤 신앙인을 키워 낼지에 대한 진지한 고민보다는, "어떻게 하면 주일학교를 성장시킬 것인가?", "어떻게 하면 효과적으로 지식을 전달할 수 있을 것인가?"라는 질문에 초점을 맞추어 온 것 같다.

교회는 학교가 아니다. 교육부서의 공간은 교실이 아니다. 물론 그러한 요소도 분명 지닌다. 그러나 교회는 더 고차원적인 공간이어야 한다. 교회에 들어서면, '여기가 교회구나'라는 생각이 들어야 한다. 현대의 많은 교회가 그만의 독특성이 묻어나는 환경을 제공하지는 않는 듯하다. 바른 가르침은 그 무엇보다 중요한 교회교육의 요소다. 그러나 그 토대 위에 조화를 이루어 개인과 공동체의 신앙 형성(Faith Formation)이라는 큰 그림을 그릴 수 있어야 한다.

지식의 주입이 사람을 자동적으로 변화시킬 수는 없다. 우리는 세상 속에서 많은 사람을 만나고, 직간접적으로 교류하면서 이러한 사실을 자주 목격하지 않았는가? 많이 배워서 머리는 커졌으나 실천적인 행함을 수반하지 못한다면, 종교적 괴물을 낳을 수도 있다. 교회 안에서 이러저러한 잘못은 날카롭게 지적하지만, 본인은 헌신하거나 희생하지 않는 신자를 양성할 수 있다. 교회와 성도를 향해 거침없는 비판을 쏟아 내지만, 자기의 추한 잘못이 드러나서 머쓱해진 사람이 얼마나 많은가?

성경과 원어에 대한 지식이 가득하고, 여러 신앙고백을 능숙히 설명해 낼 수 있다 하더라도 지성을 뛰어넘는 성품, 공동체 안에서의 신실한 교제, 하나님 앞에서의 진실함, 세상 속에서 삶으로 살아 내는 복음이 결여된다면 기독교는 점차 사회에서 밀려나 게토(ghetto)화되고 말 것이다.

신앙인은 지적인 측면뿐 아니라 그리스도를 닮은 성품을 추구해야 한다. 교리만 배우는 데 그칠 것이 아니라 예배의 기쁨과 감격을 누릴 수 있어야 한다. 이를 통해 그리스도의 장성한 분량이 충만한 데 이르

기까지 성장해야 한다. 결국 교회교육의 최종 목적은 그리스도를 닮은 성숙한 신앙인을 양성하는 것이다.[4]

성도를 성숙의 과정으로 인도하는 다양한 요인이 있다. 그것을 크게 두 가지로 설명하고 싶다. 첫째는 학습을 통한 교육이며, 둘째는 참여를 통한 교육이다.

우리는 끊임없이 배운다. 태어나서부터 죽을 때까지 사람은 끊임없이 무엇인가를 학습한다. 이는 의도적인 가르침을 통해서만 일어나는 것은 아니다. 사람들과 만나고 교제하면서, 예배와 같은 교회의 중요한 일에 참여하면서 또 다른 차원의 지식을 배우게 된다. 참여와 실천은 통전적인 학습을 위해 중요하다. 제임스 스미스(James K. A. Smith)가 말하듯이, 우리는 육체라는 컨테이너 속에 거주하는 의식만을 지닌 마음이나 영혼이 아니며, '몸이 곧 자아'이기 때문이다. 그러므로 신앙 성숙을 위한 거룩한 욕망을 훈련하려면, '특정한 목적이 포함된 신체적인 실천' 또한 필요하다.[5]

우리는 행하면서 배운다. 실천 가운데 이론적 요소가 담긴다. 이론과 실천은 별개가 아니라 동시다발적이며 상호 보완적으로 연결된다.[6]

교회교육은 이론과 실천이 함께하며 배움과 행함이 조화를 이루는 통전적인 교육이어야 한다. 그렇다면 교회교육을 구성하는 요인은 무엇일까? 효과적인 신앙 형성을 위해 무엇이 함께해야 하는가?

교회교육의
새로운 패러다임

개인의 신앙 형성과 발달에 영향을 미치는 요인을 하나하나 다루고자 한다. 그것은 곧 '예배'와 '교회학교', '교사', '가정', '부모'다. 이는 하나하나 분리된 것이 아니라 상호 긴밀한 관계를 가지고 거미줄처럼 얽히고설켜 피교육자를 신앙인으로 형성한다. 이 요인이 공동체 속에서 복합적으로 작용하며 개인에게 신앙의 형성적인 힘(formative power)을 발휘하게 하는 것이다.

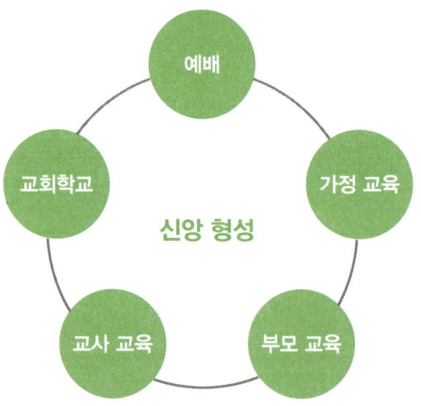

한 사람의 믿음의 시작이 정확히 어느 시점인지 말하는 것은 쉽지 않다. 어린 시절 기독교 가정에서 성장한 사람은 자연스럽게 신앙을 경험하며, 그것이 마음에 스며들어 자신도 모르는 사이에 신앙이 형성되

없을 가능성이 높다. 불신 가정에서 자랐지만 예배 참여와 성경공부를 통해 믿음의 여정을 내디딘 사람도 있을 것이다. 그러나 확실한 점은 일차적으로 신앙의 공동체가 함께하는 예배와 가정의 신앙적 분위기가 한 사람의 신앙 형성에서 매우 중요하다는 것이다.

존 칼빈의 구도에 따르면 사람은 예배에 참여(participation)하면서 이중적 은혜(double grace)를 받는다. 그것은 칭의(justification)와 성화(sanctification)의 은혜다.[7]

예배당 자체가 거룩한 것은 아니다. 그러나 두세 사람이 모인 곳에 함께하겠다고 하신(마 18:20) 예수님의 약속 안에서, 예배의 자리에 참여하는 그 자체가 신앙의 형성과 발달에 부단히 중요한 역할을 담당한다. 동시에 예배에 참여하는 자체가 큰 교육 효과를 부여한다. 예배에 대해 따로 강의를 듣지 않아도, 우리는 실제로 예배에 참여하면서 말씀을 배우고 찬송을 부르는 법, 기도하는 법, 예배자의 정신과 삶을 배운다.

가정 교육 또한 마찬가지다. 아이들은 부모의 신앙생활을 보고 배운다. 어려서 아무것도 모르는 듯 보이지만, 아이들은 부모의 모습을 흉내 낸다. 성장함에 따라 비판적인 시각으로 바라보기도 한다. 그러므로 가정 교육은 신앙 발달의 출발점이다. 동시에 부모 또한 가정에서 아이들을 양육하면서 배운다. 부모는 자녀를 양육하면서 말씀을 가르치는 법을 배운다. 말씀을 삶 가운데 적용하며, 말씀대로 살아 내는 법을 배운다. 자녀를 훈육하며 때로는 성경적으로 체벌하는 가운데서 하나님 아버지의 마음을 알아 간다. 이에 대해서는 4장에서 보다 상세히 살피려 한다.

교회학교도 개인의 신앙의 형성과 성숙에 큰 역할을 한다. 일주일을 시간으로 환산하면 168시간이다. 이렇게 많은 시간을 세상에서 살다가 고작 한두 시간 교회에서 보낸다. 167대 1의 싸움이다. 산술적으로는 교회학교가 불리한 상황에 놓였음이 자명하다.

그렇다고 해서 교회학교의 역할과 중요성을 간과할 수 없다. 매주 짧은 시간을 교회에서 보내지만, 교회의 예배와 성경공부, 다양한 모임과 봉사 활동을 통해 신앙인의 교제를 나누며, 공동체 속에서 신앙의 성숙을 경험한다. 교회학교는 오랜 세월 동안 전도에도 큰 공헌을 했다. 한국 갤럽의 조사에 따르면, 종교가 있는 사람 중 어린 시절 종교를 가지게 된 경우가 40퍼센트, 40대 이후 종교를 가지게 된 사람은 22퍼센트에 불과했다.[8]

목회 현장에서도 교회에 새로 등록을 한 성도 가운데 어린 시절 주일학교를 경험했다고 대답한 사람이 많다. 즉, 신앙의 형성과 출발에 교회학교의 역할이 지대하다는 점을 시사한다.[9]

효과적인 가정 교육을 위해서는 믿음의 부모가 교육을 받아야 한다. 부모의 모습이 교회에서와 가정에서 일치하지 않을 때 아이들은 바른 신앙으로부터 이탈할 가능성이 높다. 개인의 신앙 형성에서 부모의 역할은 매우 중요하다. 그런데 아쉽게도 지금까지 가정 교육이라 하면 어떻게 자녀들을 잘 교육할 것인지에 대해서만 초점을 맞추었다. 부모들은 무엇을 알아야 하고, 가정에서 어떻게 행해야 할까? 목회자가 교회에서 부모들을 어떻게 교육해야 하며 무엇을 가르쳐야 할지에 대해서는 5장에서 생각해 보겠다.

교회학교가 바로 서려면 반드시 좋은 교사가 필요하다. 교회의 교육 부서는 헌신하는 교사가 없다면 존립하기 어렵다. 주일학교는 교역자의 역량으로 이루어지기보다는 결국 교사에게 달렸다. 아이들과 직접 부딪치는 사람, 아이들의 부모를 대하는 이는 일차적으로 부서의 교사다. 그렇다면 개인의 신앙 형성에 교사가 차지하는 비중을 절대 무시할 수 없다. 이렇게 중요한 교사의 직분이 성도의 관심에서 멀어지는 것은 이 시대 교회의 비극이다. 6장에서는 교사란 어떤 직분인지, 왜 교사 교육이 필요하고, 어떻게 교육할 것인지를 살필 것이다.

이 책은 코로나 이후 교회교육이 나아가야 할 새로운 패러다임을 제시하고자 한다. 물론 지금까지 교회교육에 헌신해 온 많은 분의 사상과 저서의 중요성을 간과하거나 폄하하지 않을 것이다. 기존의 교육 방법은 그 시기에 맞는 시대의 산물이었으며 충분히 그 역할을 감당하며 학생과 교회를 섬겨 왔다.

그러나 지식의 주입 혹은 강의 중심 교육의 교회교육이 이제는 전인적인 신앙 형성을 고려한 교육으로 나아가야 한다. 바른 지식과 적절한 학습은 신앙 형성에 있어서 필수적인 요소이기에 그것을 간과할 수는 없다. 문제는 교육의 통전성이다. 4차 산업혁명과 이것으로 인해 파생할 이른바 교육 혁명 앞에서도 대체 불가능한 교회교육 제도를 구비할 수 없을까? 문화적 격변과 도전 속에서도 기독교 교육의 본질과 정체성을 살릴 수는 없을까?

　코로나 이후 교회교육은 신앙의 형성적인 차원을 고려하는 통전적이고 창의적인 방향으로 내디뎌야 한다. 이 책이 코로나 이후 급변하는 시대 속에서 교회교육이 표류하지 않고 방향을 잡는 데 조금이나마 도움이 되기를 바란다.

돌아보며 생각하기

정보 전달인가, 신앙 형성인가?

◎ 지식의 주입이 사람을 자동적으로 변화시킬 수는 없다.

◎ 기존의 정보 전달 중심적 교회교육에서 전인적이고 통전적이며 형성적인 교육으로 나아가야 한다.

◎ 아이들에게도 종교적인 잠재력(religious potential)과 능력(ability)이 있다. 암묵적 지식 이론은 사람에게는 다양한 종류의 학습과 배움이 가능함을 보여 준다.

◎ 아이들의 종교적인 잠재력과 능력을 고려해 학습(learning)과 참여(participation)가 조화된 교회교육으로 변화해야 한다.

◎ 이런 관점 속에서 개인의 신앙 형성에 영향을 미치는 요소들을 하나하나 살펴야 한다. 그것은 '예배', '교회학교', '교사', '가정', '부모'다. 이 요소들은 긴밀한 관계 속에서 피교육자를 신앙인으로 변화시킨다.

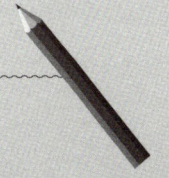

2장

예배와 교회교육을 함께 고려한 큰 그림을 그리라

목회자가 주일학교를 담당하게 된다면, 평균 얼마 동안이나 그 부서를 돌보게 될까? 각 교회마다 상황이 다를 수 있기에 큰 의미가 없으며 전체적인 통계를 내는 것 또한 불가능하다. 2015년 기독교윤리실천위원회 통계에 따르면, 파트 사역자가 한 교회에서 평균적으로 섬기는 기간이 약 2.5년이다.[1] 신학교나 신학대학원을 다니는 교육전도사의 경우 근속 기간은 이보다 훨씬 더 짧다. 1-2년 내에 이동하는 경우도 허다하다. 담당 목회자가 자주 바뀌다 보니 아이들과 교사들은 교역자를 온전히 신뢰하지 못한다. 언젠가는 떠날 사람이라는 마음을 한편에 가진다. 목회자 또한 그 부서에 대한 전문성을 가지기가 어렵다.

그뿐만이 아니다. 담당 목회자가 자주 바뀐다는 것은 교회교육과 부서 예배의 플랫폼이 수시로 바뀔 수 있음을 의미한다. 어떤 교역자는 전통적인 예배와 교단의 공과공부 패턴을 선호하지만, 어떤 교역자는 2000년대 초에 한국을 휩쓸었던 '메빅'(MEBIG)이나 '와우큐키즈'(Wow-Q Kidz), '홀리 키즈'(Holy Kidz), '어와나'(Awana) 등의 현대적 패턴을 선호하기도 한다. 아니면 여러 프로그램을 접목해 주일학교를 운영하는 경우도 있다. 교단의 경계를 넘어서, 미국 남침례교단에서 개발하여 보급하는 '가스펠 프로젝트'(Gospel Project)를 도입하거나 파이디온 선교회에서 나오는 교육 프로그램과 어린이 찬양, 율동 등을 선호하는 교회도 많다. 합동 측의 오륜교회와 같이 전 연령을 아우르는 여러 교재와 프로그램들을 독자적으로 선보이는 곳도 있다.

이 글을 읽는 독자 가운데 교육전도사, 주일학교 교사, 부장, 총무로 섬기는 분이라면 다음과 같은 고민을 한 경험이 있을 것이다. 어떤 형식으로 예배를 드릴 것인가? 독립적인 부서 예배를 드릴 것인가? 세대통합 예배를 드릴 것인가? 예배 참여 후 자체적인 부서 활동을 할 것인가? 어떤 공과 교재를 선택할 것인가? 어떤 찬양과 율동 형식을 택할 것인가?

열심 있는 사역자들이나 교사들은 다양한 세미나를 찾아다니며 성공 사례를 배우려 한다. 그러나 좋은 프로그램을 도입해 우리 교회에 적용해도 성공하리라는 보장은 없다. 교회마다 교육 환경과 상황과 여건이 다르며, 가용 자원과 교사 역량이 다르기 때문이다. 이 장에서는 이와 같은 고민을 함께하며 개교회의 예배와 교육 정책의 큰 그림을 그릴 수 있는 아이디어를 제공하고자 한다.

예배와
교회교육의 관계

예배와 교회교육의 관계는 어떠할까? 지금까지 교회학교의 예배는 교회의 전통을 따르거나 교회 지도자들의 신학적 입장을 따랐다. 교육은 프로그램 중심으로 부서에 자율성을 부여하는 것이 일반 패턴이었다. 그러나 최근 교회교육과 예배는 별개가 아니라 불가분의 관계라는 인식이 고양되고 있다.

예배를 잘 드리면 그 속에서 참여자들은 많은 것을 배운다. 복음의 핵심, 신앙생활의 원리, 신자의 삶이 어떠해야 하는지, 기도하는 법, 찬송을 부르는 법, 그 외에도 성경의 많은 내용을 익힐 수 있다. 즉, 예배 속에 교육적 요소가 존재한다. 또한 예배는 참여자들에게 더 배워야겠다는 동기를 부여한다. 예배 속에서 잘 모르는 내용이 나오면 교사에게 질문을 하기도 하고, 공과공부 시간에 질의응답을 하며 더욱 성장하기도 한다. 동시에 교회교육을 통해서 참여자들은 더 나은 예배자가 된다.

말씀을 배우고 교리를 알게 되면서 신자의 지성과 내면은 더욱 성장한다. 고양된 이해를 바탕으로 예배의 현장에서 더 깊이 말씀을 깨닫고 누릴 수 있다. 그러하기에 우리는 매주 예배에 반복적으로 참여하며 교회교육을 통해 점차 성장을 경험하게 되는 것이다.

그러므로 예배와 교회교육은 별개로 생각할 수 없고, 마치 뫼비우스

의 띠같이 분리할 수 없으며 동시다발적으로 연결되는 것으로 결론 내릴 수 있다.[2]

우리가 잘 아는 『웨스트민스터 소교리문답』 제1문은 이렇게 질문한다. "사람의 제일 되는 목적은 무엇입니까?" 대답은 이와 같다. "사람의 제일 되는 목적은 하나님을 영화롭게 하는 것과 그를 영원토록 즐거워하는 것입니다."[3]

이 짧은 문답 속에 깊은 의미가 내포되어 있다. 곰곰이 생각해 보면, '하나님을 영화롭게 하는 것', '그를 영원토록 즐거워하는 것'은 예배와 밀접한 관계가 있다. 우리는 예배를 통해 하나님께 영광을 돌리고, 하나님의 은혜를 체험하며 기뻐한다. 즉, 사람의 존재 목적이 하나님을 예배하기 위함(homo adorans)이라는 것이다. 『웨스트민스터 소교리문답』을 교리 교육의 가장 기본적인 도구로 간주하는데, 첫째 문답이 예배를 말한다는 것은 그만큼 예배와 교육이 밀접한 관계를 가지고 있음을 시사한다.

예배와 교회교육을 연결하는 큰 그림

각 교회마다 처한 형편과 상황이 다르기에 획일적으로 어떤 포맷이 효율적이라고 단정할 수는 없다. 교회의 담임목사 혹은 교육 정책을 입안하는 이들은 다양한 예배와 교회교육 패턴 가운데 하나를 선택해야 한다. 그러면 무엇을 택할 것인가? 주일학교 예배와 교육 시스템을 어떻게 이을 것인가?

❶ 원 포인트 통합 교육

최근 여러 교회의 주목할 만한 시도 중 하나는 '원 포인트 통합 교육'이다.[4] 원 포인트 통합 교육의 특징은 다음과 같다. 주일에 영아부부터 장년에 이르기까지 전 세대가 같은 본문으로 설교를 듣는다. 주중에도 같은 본문을 학습한다. 예배를 통해 들었던 말씀을 연령별로 분리된 각자의 소그룹(구역, 순, 목장, 반 등)에서 서로 나눈다. 이것은 주중 가정예배로도 이어진다. 교회는 자료를 제공하며, 가정에서 간단하게라도 예배를 드리도록 지도한다. 이와 같이 교회의 예배와 부서 교육, 가정이 '원 포인트'로 밀접하게 이어지게 된다. 이러한 방식은 해외의 여러 유명 교회에서 시행하던 교육법으로, 국내에서도 이를 시도하는 교회가 생겨나고 있다.

그러나 원 포인트 통합 교육을 제대로 시행하기가 쉽지 않다. 담임목회자가 강력한 의지로 교육부서의 교역자들과 협업을 시도해야 한다. 담임목회자의 경우 영적 안목을 가지고 현재의 상황 속에서 성도의 삶에 적실한 말씀으로 설교해야 하는데, 본문을 미리 정해 놓는다면 목회적 민감성이 결여될 가능성이 있다.

그래서 이를 보완하고자 담임목사의 설교는 자율에 맡기고 교육부서의 본문만 통일시키기도 한다.

만일 전 연령 부서의 설교 본문을 통일시킨다면, 그 교회만의 커리큘럼이 필요하고, 공과와 가정예배 자료를 교역자들이 직접 제작해야 하는데, 이를 담당할 충분한 시간적 여유가 없거나 가용 자원이 부족할 가능성이 높다. 교재를 만드는 작업에는 교육학적 안목이 필요하기 때문에 교육 전문가나 전임 사역자가 부재한 일반적인 교회에서는 시도하기가 쉽지 않다.

이러한 어려움에도 불구하고, 제대로 시행할 수만 있다면 교회의 예배, 교육부서의 교육, 가정예배가 잘 균형을 이루어 상호 간 시너지 효과를 발휘한다. 이를 시행하는 교회들은 앞으로 다양한 임상적 과정과 결과를 나누어서 보다 효과적인 모델을 제시할 필요가 있다.

❷ 세대 통합 예배

최근 범교단적으로 세대 통합 예배에 대한 관심이 높다. 한 세대의 신앙을 다음 세대로 전수하기 위해서 조부모 세대, 부모 세대, 자녀 세대가 함께하는 통합 예배의 중요성이 부각되고 있다. 이미 1970년대 미국의 저명한 기독교 교육학자인 존 웨스터호프가 이에 대한 다양한 신학적, 실천적 고찰을 개진했다.[5]

세대 통합 예배는 모든 세대가 함께 예배에 참여하면서 상호 간 이해의 폭을 넓히기에 자연스럽게 전통과 예배 분위기에 익숙하게 하는 장점이 있다. 많은 교회에서 세대 통합의 경험을 고양시키고자 1년에

2회, 분기에 1회, 월 1회 등 횟수를 정해서 정기적으로 세대 통합 예배를 드린다.

주일학교를 없애고 세대 통합 예배만을 시도하는 곳도 있다. 그러나 이미 한국 교회에 주일학교가 100년 전에 자리 잡아 뿌리를 내렸으며, 주일학교가 비신자의 자녀를 전도하는 데 큰 역할을 감당해 왔으므로 세대 통합 시스템과 주일학교를 조화롭게 운영하는 지혜가 필요하다.[6]

세대 통합 예배를 드린다면 아이들을 예배의 어느 부분까지 참여시킬 것인가, 처음부터 끝까지 참여시킬 것인가, 예배의 시작부터 어린이 설교까지는 함께하고 그 이후는 각자의 부서로 이동해 공과공부 및 2부 활동을 할 것인가에 대한 세부 논의가 필요하다.

세대 통합 예배도 가정예배와 밀접하게 연결할 수 있다. 예를 들면, 주일 설교 말씀과 찬양을 월요일부터 수요일까지 가정에서 나누어 보는 것이다. 그리고 목요일부터 토요일까지의 가정예배 시간에는 돌아오는 주일의 본문 말씀을 미리 읽어 보고, 찬양을 집에서 함께 부를 수도 있다.

❸ 주일학교 사역 특징의 극대화

각 세대는 해당 연령의 발달 단계에 맞는 일반적인 특징을 나타낸다. 연령의 증가에 따라 하나님의 이미지가 어떻게 달라지는가에 대한 다양한 연구가 있다. 나이가 어릴수록 하나님을 신인동형론으로 생각하는 경향을 띤다. 어린이들의 묘사를 들어 보면, 하나님은 슈퍼맨 같으신 분, 나를 항상 보고 계시는 분이라는 이야기를 한다. 그러나 성장할수록 그들의 논리와 표현은 어른과 비슷해진다. 교단별로 입교 연령이 만 14세로 정해진 것은 이러한 이유에서다.[7]

전통적으로 한국 교회는 어린이 사역에 대한 관심을 가지고 각 교단별로 총회 교육위원회를 설립하고, 그를 중심으로 교단의 교회학교를 위한 공과를 발간해 왔다. 신앙 발달에 따라 계단식으로 공과를 구성하고, 아이들의 관심을 끌 만한 다양한 교육 기법을 접목해 어려운 여건 속에서도 주일학교 교육 생태계를 형성하는 데 최선을 다했다.[8]

각 교단뿐 아니라 다양한 어린이 선교단체에서 인력과 물질을 투자해 다양한 어린이 예배와 교육 프로그램을 제시해 오고 있다. 한국에도 2000년 이후에 일본에서 건너온 '메빅', 미국에서 건너온 '어와나' 등이 현대적 감각을 살려 교회학교와 함께했으며, 최근에는 '히즈쇼'(Hisshow), 오륜교회의 '꿈미'(꿈이있는미래), 어린이 사역 전문가인 이기둥 목사가 이끄는 '키즈 워십'(Kids Worship) 등이 어린이 예배와 교육 프로그램을 제시한다.

이 글을 읽는 독자도 다양한 단체에서 만들어 내는 다양한 교육 플랫폼에 대해 잘 알 것이다. 동시에 프로그램이나 교재는 많은데 우리 교회에 맞는 게 없다고 생각할지 모른다.

지금 우리에게 필요한 것은 다양한 사례와 프로그램, 예배 형식 중에 우리 교회에 가장 맞는 방식은 무엇일까를 선택하는 판단력이다. 해외의 유명 교회, 국내 대형 교회에서 성공한 포맷이라 할지라도, 우리 교회에 적용했을 때 반드시 성공하리라는 보장은 없다.

새롭게 재건하는 예배와 교회교육

주일학교, 중고등부 사역에 탁월함을 나타내는 교회의 스토리와 성공 사례들을 들으면 무언가 다시 힘이 나는 것 같다. 그대로 도입할 수만 있다면 우리 교회도 성공할 것 같은 느낌이 든다. 그러나 현장으로 가져와 적용해도 큰 변화를 느끼지 못할 것이다. '시도-실패'의 학습된 무기력이 부서 전체에 자리 잡게 될 것이다.

사실 기독교 방송에 나오거나 책을 쓰는 이들의 성공 사례는 특별한 비법에서 기인한 것이 아니라 첫째는 하나님의 주권적 은혜요, 둘째는 구령의 열정과 철저하게 사역의 기본에 충실하고자 한 노력(심방, 반 목회, 아이들과 교사들에게 감동 주기 등)의 결과가 아닐까 생각한다. 한 지역에서 성공했다 해도 다른 지역에서 또한 성공하리라는 보장은 없다. 그러므로 우리는 겸손하게 하나님의 은혜를 의지할 수밖에 없다.

다음에 제시하는 사항은 교육부서의 예배와 교육 시스템을 새롭게 재건하려는 이들을 위한 것이다.

- 지금 국내외 현장에서 어떠한 형태의 예배, 혹은 교육 프로그램이

있는지 조사하라. 각 교회마다 예배 형식은 어떠한지, 교육 프로그램의 장단점은 무엇인지 파악하라. 소속 교단, 신학 배경에 따라 평가는 천차만별일 수 있다.

- 교회의 담임목사, 교육 디렉터, 동료 교역자, 혹은 오랫동안 부서에서 헌신한 믿음의 교사들과 정보와 생각을 나누라. 비전팀을 구성해서 장기적인 교육 계획 세우기도 좋은 방법이다. 교역자 한 사람의 견해에서 다수의 생각으로 발전 가능하도록 사전에 비전을 공유하는 작업이 반드시 필요하다.

- 교회의 역사를 살펴보면서 수년간 어떤 스타일의 예배와 교육 시스템을 운용해 왔는지, 특이한 점이 무엇인지, 장점과 단점을 파악하라. 머릿속의 아이디어를 펼칠 수 있는 여건과 분위기인지 살펴보라.

- 만약 담임목회자와 교육 디렉터 등이 변화를 적극 지지하고 승인한다면, 교육부서의 분위기를 살피라. 절대로 어떤 스타일, 어떤 프로그램을 도입할지 미리 조사하지 말라. 공개적으로 부족한 점들을 지적해 보라고 하지 말라. 설문지를 돌리는 순간, 사역에 비극이 찾아올 것이다. 대부분의 교사나 학생은 예배와 교육에 대한 전문적인 지식이 없기 때문에, 개인의 취향이 개입할 가능성이 굉

장히 높다. 그러나 성도들의 필요(needs)를 파악하는 일은 중요하다. 교회적으로 접근하기보다는 개인, 혹은 가족 단위로 믿을 만한 성도, 식견이 있는 교사를 통해 이 모든 사항을 파악하라.

- 일정한 기간 동안 예배에 대한 공부를 해보라. 역사적으로 다양한 형태의 예배가 존재해 왔다. 예배의 요소와 순서는 각기 깊은 의미가 있고, 어떻게 배열하느냐에 따라 다른 의미가 생성되기도 한다. 필자가 주석에 첨부한 책들을 참고해서 우리 교회학교에서는 어떤 예배 형식을 택할지 결정하라. 꼭 한 가지 형태를 고집할 필요는 없다. 1년 52주가 지루해서는 안 된다. 교회력을 확인하고 일정에 따라 절기 예배를 기획하라.[9]

- 교회에 따라서는 주일예배를 세대 통합 예배로 드리고 교육부서에서는 공과공부와 활동으로 연결하는 포맷을 선택할 수도 있다. 어떤 교회는 세대 통합 예배를 드리되, 예배의 시작과 어린이 설교까지만 함께하는 경우도 있다. 교회에 따라서는 매주 모든 연령별 예배의 본문을 통일하되, 예배의 세부 방식과 장소의 분리는 가능하다. 현대적 어린이 예배 양식을 선택하거나 부모님과 함께하는 예배 형식 등 다양한 패턴을 생각해 낼 수 있다.

- 교육 프로그램 가운데 무엇을 선정할지 고려하라. 교단에 대한 충

성심이 높은 교회는 교단 교재를 활용해 52주 공과에 맞추어 설교 본문을 구성하며, 공과공부 시간에는 그에 연관한 활동을 할 수도 있다. 최신 찬양과 율동, 다양한 2부 활동 프로그램, 설교와 관련한 영상을 제공하는 유료 교재를 선정할 수도 있다. 그러나 이럴 경우 교역자의 목회 철학이나 영적인 감각과는 상관없이 교재에 얽매이게 된다는 단점 및 비용이 발생한다.

- 공과를 직접 제작하는 방법도 가능하다. 시중의 여타 교재처럼 화려한 디자인은 아닐지라도 어린이 수준에 맞춘 교리문답, 목회자의 설교와 연결이 가능한 다양한 활동으로 교회가 직접 끌어 나갈 수 있다. 적어도 3년 정도의 커리큘럼을 세우고 교역자의 이동이나 변동 사항이 발생하더라도 꾸준히 이어 나갈 수 있는 제도적 장치의 마련이 필요하다. 이를 위해서는 무엇보다 담임목회자의 교육 철학이 분명해야 하고 부교역자와 교사의 적극적인 협조가 필요하다.

- 예배와 교육 프로그램을 가정예배, 부모 교육과 어떻게 연결할 것인가를 고려하라. 어떤 프로그램을 선정하든지, 최근의 경향은 가정 내 교육과 가정예배 없이는 성공적인 교회학교 운용이 어렵다는 데 의견이 일치한다. 교회학교의 예배, 공과를 비롯한 교회교육, 큐티 또는 가정예배를 서로 어떻게 연결할지 고려하라. 시중

의 여러 자료를 도입해 교회에 맞는 형식을 취하는 방법도 나쁘지 않다.

교회에 가장 필요하고 시급한 요소를 점검하고 주도적으로 교육 시스템을 결정하라. 왜냐하면 여러분이 참고하는 성공 사례 중에서 그 어느 것도 여러분의 실패에 책임을 지지 않기 때문이다. 실패는 맡은 자들이 책임을 져야 한다. 나의 견해와 교육관이 반영되지 않은 체제로 실패를 경험한다면 억울하지 않겠는가. 성공 사례와 여러분 사이에 극적인 차이가 있는 것은 아니다. 우리는 다 부족하고, 도움이 필요한 사람들이다. 책임감과 열정을 가져 보라. 전문가의 자문을 받아 보라. 교육 전문가의 컨설팅을 받는 것도 좋다.

- 만약 교회학교와 교육 체제의 변화를 결심했다면 급격한 시도보다는 지혜롭게 차분히 진행하라. 예를 들면, 도입 몇 개월 전부터 공예배 설교를 통해서 담임목사나 부교역자들이 교회교육의 중요성, 필요성, 변화해야 하는 이유 등을 전한다. 말씀을 통해서 공감대를 형성하는 것이 중요하다. 이후에는 주일 오후 예배 시간을 활용한 특강(외부 강사를 초청할 수도 있다)과 교회교육의 청사진들을 제시함으로 저변의 확대가 필요하다. 교회의 상황을 정확히 진단하고, 그 절실한 필요를 충분히 설명해야 한다.

급격한 개혁은 간혹 반대를 불러일으킬 수도 있으나 변화의 필요성에 대한 의견을 나누고 공감을 형성한다면 많은 성도와 교사가 이 일에 힘을 실어 줄 것이다.

- 장기 계획과 단기 계획을 함께 제시해야 한다. 둘 중 하나만으로는 사역을 이어 가기 어렵다. 장기적으로 기대하는 바가 무엇인지, 그래서 지금 우리 교회는 무엇을 할 것인지에 대한 계획을 설명하라.

- 아무리 계획이 탁월하다 할지라도 반대를 경험할 수 있다. 어느 집단, 어느 교회에서나 의견의 충돌은 일어난다. 지혜로운 지도자는 반대가 갈등으로 번지지 않도록 미연에 방지한다. 교육 프로그램을 충분히 설명하는 문서 및 콘텐츠를 준비해야 한다. 더불어 가능한 많은 성도가 동참할 수 있도록 홍보에도 노력을 기울여야 한다. 사역을 처음 착수할 때, 교회 안에 대규모 콘퍼런스를 열어 축제 같은 분위기에서 출발할 수도 있다.

돌아보며 생각하기

예배와 교회교육을 함께 고려한 큰 그림을 그리라

◎ 예배와 교회교육은 마치 뫼비우스의 띠같이 분리할 수 없으며 동시다발적으로 연결되어 있다.

◎ 예배 속에 교육적 요소가 존재할 뿐 아니라, 교회교육을 통해 피교육자는 성숙한 예배자가 되어 다음번 예배에 참여한다.

◎ 지금까지 교회학교의 예배는 교회의 전통을 따르거나 교회 지도자들의 신학적 입장을 따르고, 교육은 프로그램 중심으로 부서에 자율성을 부여하는 것이 일반적인 패턴이었다.

◎ 개교회에서는 예배와 교회교육의 관계를 어떻게 정립하며 실천해 나갈 수 있을까? 성공한 교회의 제도를 우리 교회에 이식한다 할지라도 자동적으로 성공을 보장할 수는 없다. 우리 교회에 맞는 시스템은 무엇일까?

◎ 근래 원 포인트 통합 교육, 세대 통합 예배, 주일학교 사역 특징의 극대화에 대한 다양한 논의들이 개진되고 있다.

◎ 새롭게 재건하는 예배와 교회교육에 대한 필자의 12가지 제안들을 살펴보라.

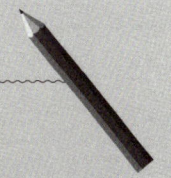

3장

예배 교육, 어떻게 할 것인가?

코로나 사태를 지나며 신학 분과 가운데 가장 주목을 받은 분야를 꼽자면 아마도 예배학일 것이다. 그간 예배학은 크게 주목을 받지 못한 변방의 과목이었다고 할 수 있겠다. 그러나 코로나19 바이러스의 치명적인 감염력으로 예배 회집의 타당성에 대한 의견 차이, 온라인 성찬 논쟁 등이 교계의 큰 이슈로 자리 잡으며 예배학 교수들은 원고 청탁과 인터뷰 요청으로 바쁜 시간을 보냈다.

'꼭 교회에 모여 예배를 드려야 하는가?', '온라인 예배가 타당한가?', '온라인 성찬의 실시는 타당한가?' 등과 같은 수많은 논쟁점이 2020년 상반기를 뜨겁게 달구었다. 신학적인 여러 입장이 첨예하므로 여기서는 쟁점을 다루기보다 이러한 논쟁들이 앞으로 교회에 어떤 영향을 미칠 것인가를 생각해 보고자 한다.

한 친구의 이야기다. 코로나 이후 가정에서 온라인으로 예배를 드려야 하는 상황이니, 예배 때마다 늘 컴퓨터 모니터를 켰다. 몇 개월을 이렇게 반복하다가 어느 날 어린 딸들에게 "자, 예배드리자"라고 하면서 성경책을 펼쳤다. 그때 딸아이가 이렇게 말했다고 한다. "아빠, 왜 컴퓨터는 안 켜요?" 몇 개월 되지 않은 짧은 기간이었지만, 아이의 예배 개념 형성에 분명 영향을 준 것이다.[1]

코로나 사태가 장기화되면서 한국 교회는 현장 예배를 드리지 못하고, 불가피하게 온라인 예배를 드려야 했다. 신앙심이 투철하며 성경과 교리에 대해 잘 교육받은 가정에서는 예배의 공백이 작지만, 많은 성도의 경우 예배와 주일 성수에 대한 개념이 바뀌고 있으며, 신앙생활에 게을러졌다는 이야기를 많이 한다.

분명 코로나 사태는 예배에 대한 개념, 공적 모임에 대한 소중함, 공동체에 대한 헌신 등을 약화시켰다. 코로나 사태 이후, 학원에는 보내도 주일학교에 아이들을 보내지 않는 부모가 많다는 통계를 우리는 설문 조사 "포스트 코로나 시대 교회학교 트렌드"에서 살펴보았다. 이러한 현실은 앞으로 교회학교의 예배와 교육 생태계의 변화를 예견하게 한다.

어떻게 하면 자녀의 마음에 예배를 소중히 여기는 정신이 자연스럽게 스며들게 할 수 있을까? 믿음은 조작할 수 있는 것이 아니라 하나님의 선물이다. 하지만 어떻게 하면 가정에서 신앙 분위기를 조성할 수 있을지 고민해야 하며, 다음과 같은 요소를 가정에서 실천한다면 효과적이면서도 자연스러운 교육이 되리라고 생각한다.

예배가 거룩한
습관이 되게 하라

　예배학을 배워야 하나님께 예배를 드릴 수 있는 것은 아니다. 우리는 예배를 드리면서 예배하는 법을 배운다. 기도도 마찬가지다. 기도를 하기 위해 E. M. 바운즈(E. M. Bounds)의 기도에 관한 시리즈를 탐독해야만 하는 것은 아니다. 우리는 기도하면서 기도하는 법을 배운다. 기도하는 가운데 성령님의 역사를 깨닫고, 하나님의 뜻대로 드리는 기도를 익힌다.

　이 세상에는 다양한 학습법이 존재한다. 교실의 환경 속에서 가르침을 통해 진리를 배운다. 참여하며 배우는 방법도 있다. 두 발 자전거를 타는 법을 가르친다고 생각해 보자. 아무리 설명해도 말로는 자전거 타는 지식을 다 전수할 수 없다. 넘어지고 쓰러지며 자전거를 실제 타 보는 연습(practice)을 거쳐 균형 감각과 기술(arts)을 익힌다. 즉, 실천을 통해서 자전거 타는 지식을 몸에 새긴다(inscribed).

　예배도 마찬가지다. 코로나 사태를 통해서 우리는 신앙인으로서의 현 실태를 여실히 깨닫게 되었다. 환란 앞에서 그 사람의 진정한 신앙을 알 수 있다고 했던가. 코로나19로 교회에 모일 수 없기에 집에서 온라인으로 예배를 드리거나 가정예배를 드린다고 하지만, 가장은 가장 대로 예배를 인도하는 자신의 모습이 무언가 불편하며 어색함을 느낄 것이다. 아내와 아이들도 평소 가정에서 예배하는 습관이 들지 않은 까닭에, 갑자기 거룩한 태도로 가족 앞에 선 가장의 모습에 거부감이 들 수도 있다. 우리가 지금껏 교회에서는 적극적인 신자였을지 몰라도, 코로나19라는 환란 앞에서 그동안 쌓아 온 공적이 어떠한지를 깨닫게 되었다.

필자는 주님의 종이 되겠노라 다짐하고 2000년 3월, 신학대학원에 입학했다. 당시 신학대학원은 전원 기숙사 생활을 하며 매일 6시 새벽기도회에 의무적으로 참석해야 했다. 6시가 무슨 새벽인가, 시골 교회는 농번기면 더 이른 시간인 4시 30분에 새벽예배를 한다고 반문하는 분이 계실지 모르겠다. 그러나 주말에는 교회 사역으로, 주중에는 일곱 과목이 넘는 수업을 소화하며 새벽까지 과제를 해야 하는 대학원생들에게는 예배 30분 전부터 흘러나오는 찬양 소리가 마치 군대의 기상나팔처럼 들렸다.

그 당시 학생처장이셨던 모 교수님은 영국 신사와 같이 온유하고 점잖으신 분으로 유명했다. 그런데 1학년 때 필자는 이상한 현상을 발견했다. 바로 원우들이 새벽 5시 50분만 되면 화장실에 들어가 나오지 않는 것이었다. 이유를 물으니, 10분만 잘 숨으면 새벽기도회에 참여하지 않고 2시간 정도 숙면을 더 취할 수 있다고 했다. 이 소식이 교수님 귀에 들어간 것 같았다. 그 후 교수님은 늘 화장실부터 확인하셨다.

그러나 학생들이 어떤 사람들인가? 마치 만화 영화 "톰과 제리"처럼 피할 꾀를 생각해 냈다. 기숙사 2층 침대에 올라가 살얼음처럼 이불을 깔아 놓고, 마치 침구처럼 보이는 착시 현상을 이용하는 방법이었다. 몇몇 성공 사례가 알려졌다.

그러나 학생들 가운데는 꼭 교수님과 과도하게(?) 친한 사람이 있기 마련이다. 이 정보를 접하신 교수님은 새벽이 되면 늘 기숙사에 들어오셔서 화장실을 확인하신 후, 다음으로는 마치 대검으로 쌀 포대를 찔러 보듯 침대의 이불을 확인해 보셨다. 그러나 또 학생들이 어떤 사람들인가? 환란과 핍박 속에서도 살아남은 역전의 용사들 아니던가? 기숙사의 옷장에 들어가 2시간을 더 잤다는 웃지 못할 성공 사례가 들려왔다.

당시를 떠올려 본다. 왜 점잖은 신사 같던 교수님이 이렇게도 매섭게 새벽기도를 강조하셨을까? 군목이 되고 목회를 하면서 그 이유를 깨달았다. 새벽예배는 한순간 결단으로 이뤄지는 것이 아니라, 몸에 새기는 훈련이기 때문이다. 예배의 훈련도 마찬가지다. 일단 예배에 참여하는 것이 무엇보다 중요하기에 예배는 반복적으로, 또 지속적으로 드려야 한다. 반복된 참여를 통해 자연스럽게 예배의 요소와 순서에 대한 지식이 우리 머리와 마음으로 스며든다. 이후에 드리는 예배에는 더 성장한 모습으로, 또 다른 사람이 되어 참여하게 된다. 이렇듯 예배 참여는 신앙 형성과 발달에 가장 중요한 요소다.[2)]

예배의 감격을 맛보게 하라

아무리 오랜 세월 교회를 다니고 신앙 훈련을 받는다고 해서 자동적으로 신실한 신앙인으로 성장하는 것은 아니다. 사람의 변화는 성령님의 사역에 달렸다. 하나님의 은혜가 없이는 인간의 모든 노력이 허망할 뿐이다.

아무리 교회에 가지 말라, 예배에 참석하지 말라고 핍박한다 할지라도, 예배를 통해 진정한 하나님의 은혜를 경험한 사람은 목숨을 걸고서라도 예배의 자리로 나아가기 마련이다.

중고등부 사역을 하던 당시 한 학생의 이야기다. 어떤 남학생이 여름 수련회에 그토록 참석하고 싶어 했지만 부모님은 공부를 해야 한다며 허락하지 않았다. 그런데 그 친구가 새벽에 짐을 꾸려 집에서 도망쳐 교회에 온 것이 아닌가. 게다가 수련회 날짜를 착각해, 하루 일찍 교회에 온 통에 교역자들이 무척 웃었던 기억이 난다. 독자들은 이러한 간증 이야기를 더 많이 알 것이다. 은혜를 경험한 사람, 예배의 감격과 즐거움을 경험한 사람은 예배를 사모하게 되고, 삶의 우선순위로 여기기 마련이다.

유년의 아이들에게는 교회가 신뢰할 만한 곳, 재미있고 가고 싶은 곳이라는 생각이 들게 하는 것이 무엇보다 중요하다. 교회에 오면 교사와 성도들에 의해 사랑받고 있다는 느낌을 주고, 좋은 친구들과 함께하는 것이 즐겁게 느껴지게 하고, 은혜가 넘치는 예배와 다양한 프로그램을 잘 조화시킨다면 아이들의 마음속에는 교회에 대한 긍정적인 이미지가 그려질 것이다.[3]

담당 교역자는 어린이 예배와 설교를 충실히 준비해야 한다. 아이들은 어른의 기대를 충족시킬 만한 논리와 표현을 하지 못하기에 어린이들의 종교적 능력과 잠재력을 과소평가하는 경향이 있다. 그러나 현대의 교육학자와 발달심리학자는 학령기 전의 어린아이도 심오한 종교적 이해력을 지녔음을 증언한다. 앞서 언급했듯이, 조나단 에드워즈의 경우 9살에 심오한 각성을 경험했다. 그러므로 어린이 예배와 설교를 소홀히 여기지 말고, 예배 기획과 설교 준비에 최선을 다해야 한다.

특히 어린이 설교는 다양한 전달 방식이 필요하며, 성경에 충실해야 하며, 무엇보다 들리는 설교가 되어야 한다. 아이들의 종교적 능력과 잠재력을 생각하고 복음의 핵심을 가르쳐야 한다. 이 장에서 설명하고 있듯이, 주일학교 예배를 세심하게 기획해야 한다. 주일학교 학생들이 공예배에 참여하는 경험도 신앙 형성에 상당히 중요하다. 부서 예배와 공예배 참여, 그리고 세대 통합 예배를 어떠한 빈도와 내용으로 구성할 것인지 함께 머리를 맞대어 고민해야 한다.

교역자와 교사들이 예배를 소중히 여기고 드린다면, 분명 참여자에게도 영향을 미치기 마련이다. 경건히 진행되는 예배 속에서 아이들은 예배의 소중함과 각 순서의 의미, 그리고 어떤 자세로 예배를 드려야 하는지를 암묵적으로 배운다. 그래서 비록 장년 성도와 같이 교리적이고 논리적으로 예배에 관해 표현할 수 없다 할지라도, 예배에 관한 바른 지식이 마음속에 심긴다.

예배의 다양한 요소를 가르치라

교회학교 학생들에게 예배에 대해서 가르쳐야 한다. 기억을 돌이켜 보라. 교회에서 예배에 관해 배운 경험이 있는가?

최근 예배학에 대한 관심과 예배 갱신에 대한 관심이 높아지고 있지만, 예배란 무엇인지, 어떻게 드려야 하는지, 어떻게 준비해야 하는지, 예배의 요소와 순서의 의미는 무엇인지에 대해 배운 분이 그리 많지는 않을 것이다. 교역자는 예배에 대해 설교해야 하며, 그 외에도 특강, 또는 분반공부 시간을 활용해 가르칠 수 있다. 또는 여름성경학교나 겨울성경학교와 같은 특별한 시간을 마련해 조별 활동으로 각 요소를 가르칠 수도 있다.

❶ 예배는 무엇인가?

먼저 예배가 무엇인지를 가르치라.[4] '예배'라는 단어는 우리에게 너무나도 친숙한 용어지만, 막상 예배가 무엇인지 정의하려 하면 정확하게 대답하는 사람이 많지 않다. 예배는 인간의 언어 표현을 뛰어넘는 심오한 차원을 내포하기 때문이다.

'예배'라는 단어의 한자어는 '예도 예'(禮) 자, '절할 배'(拜) 자다. 즉, '예의를 갖춰 절하다'라는 의미다. 그러나 이 번역은 예배 속에 담긴 풍부한 의미를 온전히 전달하지 못한다.

독일어로 예배는 'Gottesdienst'(고테스딘스트)라는 단어를 사용하는데, 이는 '하나님의 섬김'(service of God)과 '사람의 섬김'(service of People)이라는 두 의미를 동시에 포함한다. 곧, 예배는 하나님이 우리를 먼저 섬겨 주셨기 때문에 그 은혜에 감사하며 우리가 하나님께 나아가 그분을 경배하는 것이다. 그러하기에 예배는 한 방향이 아니라, 양방향의 속성을 지닌다.

예배는 그리스도의 행동과 임재 때문에 가능하다. 그리스도의 보혈의 공로로 우리와 같은 죄인이 하나님의 은혜의 보좌 앞으로 담대히 나아갈 수 있게 되었다. 주님이 우리를 불러 주셨기에 우리는 그분 앞에 나아가 그분을 만나고 교제하게 된다. 예배를 쌍방향이라는 관점으로 살펴보면 교회 주보의 예배 순서에 나타난 의미 파악이 가능하다.

먼저, 하나님의 부르심으로 예배를 시작한다. 이는 하나님이 우리에게 나아오시는 것이다. 우리는 하나님께 찬양으로 반응한다. 이는 우리가 하나님께로 나아가는 것이다. 하나님은 우리에게 인간 설교자를 통하여 말씀을 내려 주신다. 청중은 말씀에 반응하여 하나님께 예물을 드리고 찬양하며 기도한다. 즉, 예배의 모든 요소와 순서는 하나님이 우리에게 나아오시는 방향과 우리가 하나님께 나아가는 방향으로 표현할 수 있다.

예배의 요소와 순서는 교회마다 차이를 나타내기도 한다. 물론 예배의 기본적인 골격은 동일하다. 하나님은 그리스도인의 자유를 허락하시고, 각 교회는 성경적 원리의 경계 안에서 자기 교회의 역사와 성도의 형편을 고려한 순서로 예배를 기획하고 구성한다.

그 외에도 예배에는 신앙고백, 참회의 기도와 사죄의 선언, 주기도문, 강복 선언과 같은 다양한 요소가 존재한다. 이 요소들은 예배 속에서 각기 독특한 의미를 지니며 전체 구조 속에서 의미를 형성하기도 한다. 예를 들면, 참회의 기도와 사죄의 선언은 예배의 앞부분에 주로 편성하는데, 성도들은 우리가 예배자로서 하나님 앞에 정결하게 서야 한다는 교훈을 암묵적으로 받게 된다. 그 이후 우리는 하나님께 찬양을 드린다. 이를 통해 구원받은 자가 감사의 표현으로 하나님을 찬양해야 함을 깨닫게 된다.

❷ **예배는 어떻게 준비해야 하는가?**

예배의 자리에는 삼위 하나님이 함께하신다. 이것은 우리의 요청 때문이 아니라 삼위 하나님의 주권적인 은혜에 달렸다. 두세 사람이 주님의 이름으로 모인 곳에 함께하겠다고 하신 약속을 직접 지키시는 것이다. 교회당 자체가 거룩한 것은 아니다. 그러나 삼위 하나님이 함께하시기에 그 자리는 거룩한 곳이 된다. 그렇다면 학생들에게 예배의 소중함을 가르치고, 이를 위한 마음을 가르쳐야 한다.[5]

30-40년 전만 해도 주일 성수의 개념이 철저했다. 어린 시절, 부모님이 토요일이면 슈퍼마켓에 필자와 함께 가서 주말에 먹을 과자를 사주셨던 기억이 생생하다. 헌금을 준비하며 지폐를 다리미로 다리시던 일, 새 신발이나 옷을 사게 되면 어김없이 주일에 첫 개시를 했던 추억이 떠오른다.

이러한 회고를 두고서, 21세기 최첨단 시대에 무슨 율법주의자 같은 발언이냐며 비난할지 모르겠다. 예전처럼 문자 그대로 시행하자는 주장은 아니다. 하지만 그와 같은 행동이 예배를 사모하는 마음과 하나님을 경외하는 훈련이었음은 분명하다.

PCA(Presbyterian Church in America)와 같은 미국의 장로교단에서는 헌법 안에 주일 성수를 어떻게 할 것인가에 대한 성경적, 신학적, 실천적 이야기를 다룬다.[6] 우리 신앙생활의 핵심이 공적 예배에 있다고 할 때, 그것을 강조하고 가르치는 일은 필수불가결하다.

❸ 예배는 어떻게 드려야 하는가?

어느 교회에서 있었던 일이다. 목사님이 설교를 하다 보니, 모 집사님 한 분이 평소와는 달리 열심히 설교 내용을 받아 적고 있었다. 말씀을 듣는 태도가 달라진 그 집사님을 보니 목사님이 설교를 하면서도 감동이 되었다. 예배를 마친 후, 집사님께 다가가서 "뭘 그렇게 열심히 받아 적으셨어요?" 하면서 노트를 펼쳐 보았더니, 설교 내용이 아니라 계 모임의 곗돈 순번이 적혀 있었다는 웃지 못할 이야기다.

구약 시대라면 어떻게 되었을까를 생각하면 정말 두려운 일이 아닐 수 없다. 비록 예배 시간에 곗돈 순번을 짜지는 않았다 할지라도 오직 하나님께만 집중하고, 마음과 생각과 뜻과 정성을 다해 예배했는지 질문한다면 자신 있는 사람이 많지 않을 것이다.

하나님은 마음이 떠난 예배를 싫어하신다. 구약성경을 보면 선지자들이 이스라엘 백성의 예배를 비판하는 모습이 종종 나온다. 그런데 본문을 자세히 읽어 보면, 그것은 예배 의식 자체를 비판한 것이 아니라 마음이 떠난 예배, 하나님께 온전히 드려지지 않은 예배를 향한 비판이었다.[7]

때때로 교회학교의 예배 현장을 보면 예수님이 성전을 청결케 하시던 사건이 생각난다. 아이들의 소음과 떠들썩한 모습을 보면 마치 짐승이 울부짖고 장사치가 떠들어 대던 그 현장처럼 여겨질 때가 있다. 물론 결석하는 것보다야 교회에 와서 앉아 있는 것이 훨씬 대단하고 고마운 일이다. 요즘 같은 때에는 떠드는 아이 한 명도 귀하다. 절대로 교회학교의 분위기를 억압해서는 안 된다.

그러나 성령님은 무질서의 영이 아니라 질서의 영이시다. 따라서 기쁨과 환희 속 축제 분위기에서도 은혜가 느껴져야 하고, 예배의 순간만은 하나님께 집중하는 훈련이 어린 시절부터 필요하다. 예배드리는 법, 기도하는 법, 말씀을 듣는 법, 헌금을 드리는 법 등에 대해서 바로 가르쳐야 한다.

다양한 활동으로 배우는 예배

주일학교의 경우 꼭 강의식 교육이 아니더라도 재미있는 활동을 통해서 예배의 요소와 순서에 대해 학습할 수 있다. 여름성경학교나 겨울성경학교에서는 상대적으로 시간의 여유를 두고 다양한 활동을 시도할 수 있다.

예를 들면, 예배 요소의 각 명칭을 딴 학습 센터를 차린다. 예배로의 부름, 사도신경, 십계명, 대표기도, 봉헌, 찬송, 참회의 기도, 성경봉독, 설교, 사죄의 선언, 합심 기도, 성찬, 주기도문, 강복 선언과 같은 순서의 명칭을 한 부스를 만드는 것이다. 각 조(혹은 반)는 차례대로 한 곳을 방문한다. 거기서 담당 교사의 간단한 설명을 듣고, 즉석 퀴즈를 맞힌다. 한 코너를 마치면 다음 코너로 이동할 수 있고, 각 코너 담당자는 통과하는 참여자에게 확인 도장을 찍어 준다. 모든 순서를 마치고 도장을 다 모은 친구들은 교역자에게 그 용지를 제출하고 상품을 받는다.[8]

이외에도 다양한 게임 및 학습 방법이 가능하다. 어린아이의 경우 매주 나누어 주는 주보를 활용할 수도 있다. 예배의 요소에 대한 그림을 넣고, 각기 한두 줄로 그 의미에 대한 설명을 더하는 것이다. 어린아이들은 그림에 색칠을 할 수도 있고, 그 의미에 대해 교사나 부모에게 전할 수도 있다.[9]

비록 아무것도 아닌 듯 보이나, 학생은 활동을 통해 배운다. 교실에서 암기를 하고 책에 줄을 긋는 것만이 공부가 아니다. 우리는 행하면서, 참여하면서 배운다. 다양한 학습 매체를 통한 경험은 단기 기억이 장기 기억으로 넘어가도록 효과적으로 돕는다.[10]

시카고에 살던 시절, 아이들과 함께 윌로우크릭교회를 경험할 기회가 있었다. 윌로우크릭교회 주일학교인 '프로미스 랜드'(Promise land)에서 보여 준 교사 및 자원봉사자들의 환대[11]는 따뜻함을 느끼기에 충분했다. 이와 동시에 오랫동안 인상적이었던 점은 찬양 CD다. 교회에서 자주 부르는 찬양을 전문가의 손길을 거쳐서 CD로 제작해 가정당 하나씩 나눠 주는 것이었다. 미국은 땅이 넓어 아이들을 자동차로 태워 다녀야 하는 시간이 많다. 매일 유치원이나 초등학교에 아이들을 데려다주면서 교회에서 나눠 준 CD를 틀어 주니 아이들이 자연스레 찬양하는 것을 즐거워하게 되었다. 집에서도 늘 찬양을 흥얼거리게 된 것은 두말할 것도 없다.

어린이 예배는 찬양과 율동이 차지하는 비중이 매우 크다.[12] 흔히 찬양을 '곡조 있는 기도'라는 말로 정의하기도 한다. 종교개혁가들도 찬양의 중요성을 인지하며 많은 투자를 아끼지 않았고, 마르틴 루터(Martin Luther)와 같이 교리를 곡조에 넣어 널리 전파한 개혁자도 있다.[13] 존 칼빈에게는 클레멘트 마로(Clement Marot)와 같은 음악가가 함께했고, 대부흥사 D. L. 무디(D. L. Moody)에게는 I. D. 생키(I. D. Sankey)라는 음악가가 함께 협력했다.

현대 기독교 예배에서 음악의 중요성을 누구도 부인할 수 없을 것이다. 오순절 예배 전통에서 나온 경배와 찬양 운동은 전 세계 다양한 교단에 큰 영향을 끼치며 예배의 지형도에 큰 영향을 주었다.[14] 이에 교회학교는 교회의 음악가들과 율동 교사를 양성해야 하고 그들이 꾸준히 배울 수 있도록 투자를 아끼지 말아야 한다.

필자가 가르치는 신학대학원에서 신학석사 과정(Th.M.) 학생들을 위해 '교회교육 강독 세미나' 과목을 개설한 적이 있다. 이 수업에는 다양한 교단의 교육 디렉터들이 많이 참석했다. 이들이 주일학교 사역을 논하며 이구동성으로 들려준 이야기는 찬양과 율동의 중요성이다. 주일학교 사역을 위한 교재를 선택할 때에도 찬양 콘텐츠가 큰 영향을 준다고 밝혔다. 찬양과 율동을 이유로 교단에서 발행하는 교재가 아닌 모 어린이 단체의 교재를 교회에서 선정한 경우가 많았다. 현장에서 사역자들이 느끼기에 예배 음악이 그만큼 중요한 비중을 차지한다는 목소리다. 요즘은 과거와는 달리 아이들과 부모들의 음악 수준도 높아졌고, 듣는 귀도 높아졌기에 선율과 악기 구성, 연주와 녹음도 어린이 예배에서 큰 역할을 차지한다.

이 글을 읽는 독자 또한 이 이야기에 매우 공감하리라 여긴다. 현대 예배에서 설교 못지않게 음악의 비중이 높아졌다. 현장 사역의 경험에 비추어 본다면 예배에서 차지하는 음악의 역할을 절대 무시할 수 없다. 그런데 이것은 개교회가 감당하기에는 너무 큰 프로젝트다. 각 교단들은 다음 세대가 중요하다는 구호를 외치는 데만 그치지 말고, 실제 주일학교에서 쓸 수 있는 자료들을 만들도록 대대적인 투자를 해야 한다. 신학자들을 키워야 하지만 동시에 교회 음악가도 키워야 한다.

어떻게 보면 지금이 교회학교를 살릴 수 있는 마지막 골든 타임이다. 아직은 교회마다 건물도 있고, 60-70대 성도들의 헌신으로 교육부서를 위한 재정을 가용할 수 있다. 그러나 10년 후면 성도들의 급격한 감소와 교회의 쇠퇴가 찾아올 것이다.[15]

이를 대비해 각 교단의 총회교육원(혹은 교육국)을 중심으로 교수와 현장 목회자, 교육 전문가, 교회 음악가, 컴퓨터 및 영상 전문가가 힘을 합쳐 4차 산업혁명 시대에 대응하는 교육 플랫폼과 소프트웨어 개발에 최선을 다해야 할 것이다.

예배 교육, 어떻게 할 것인가?

◎ 코로나 사태 이후 예배에 대한 개념, 공적 모임에 대한 소중함, 공동체에 대한 헌신 등과 같은 생각이 흔들리고 있다. 어떻게 하면 자녀의 마음에 예배를 소중히 여기는 정신이 자연스럽게 스며들게 할 수 있을까? 예배가 거룩한 습관이 되려면 어떻게 해야 할까?

◎ 예배는 신앙을 몸과 마음에 새기는 일종의 훈련이다.

◎ 반복된 예배 참여를 통해 예배의 요소와 순서에 대한 지식이 우리 머리와 마음에 스며든다. 매주 우리는 예배를 드리면서 더욱 성장하며, 그다음 주에는 또 다른 사람이 되어 예배에 참여하게 된다.

◎ 예배는 신앙 형성과 발달에 가장 중요한 요소다.

◎ 우리는 자녀들과 성도들에게 예배가 무엇인지, 어떻게 준비해야 하는지, 어떻게 드려야 하는지에 대해 가르쳐야 한다. 단지 주입식 교육이 아니라 다양한 활동을 통해서 예배를 경험하게 하라.

4장

가정에서의 신앙 교육, 어떻게 할 것인가?

　인류의 역사를 살펴보면 참 훌륭한 인물들이 많다. 가정마다 책장에 꽂힌 위인전 전집을 보라. 다양한 분야에서 두각을 드러낸 인물들을 열거하자면 며칠 밤을 새워도 부족할 것이다. 성경을 살펴도 마찬가지다. 성경은 수많은 믿음의 선진의 이름과 그 이야기들로 채워져 있다. 물론 그들도 종종 실패했고, 때로는 죄를 범했다. 결국 사람은 완전하지 않으며 하나님을 바랄 수밖에 없다는 결론에 이르게 된다.

　성경 속에서 한 가지 신기한 사실을 발견한다. 그렇게 훌륭했던 신앙의 선진이라 할지라도, 그들의 자녀가 부모의 믿음과 신앙을 능가했다는 이야기를 발견하기 어렵다. 예를 들면, 이스라엘 최초의 대제사장이었던 아론의 아들 나답과 아비후의 이야기나(레 10장) 사사 시대 엘리 가문 아들들의 이야기를 보라(삼상 2장). 영적으로 어두웠던 엘리의 뒤를 이어 이스라엘을 이끈 사무엘도 자녀 교육에는 실패한 것으로 보인다 (삼상 8장). 왜 그럴까?[1] 성경은 그들의 가정생활이 어떠했는지에 대해 자세한 정보를 제공하지 않는다. 대부분의 경우, 그들 가정에서의 신앙 교육이 철저하지 않았을 것이라고 유추할 뿐이다.

부모가 자신의 분야에 일가(一家)를 이루었거나 업적을 쌓았다고 생각해 보자. 그러기 위해서는 얼마나 많은 시간 땀 흘리며 노력했겠는가? 바쁜 일정 가운데 자신을 추스르기에도 쉽지 않은 세월을 보냈을 것이다. 그러니 자녀 교육에 충분한 시간을 투자할 수 있었을까?

직장에서 정신없이 40대를 지내고, 50대가 되어 세상과 교회 안에서 중직을 맡으며 어느 정도 심리적 안정을 찾으려 할 것이다. 그러나 그때, 아이들을 신앙 안에서 양육하지 못했다면 분명 후회의 탄식을 쏟을 때가 올 것이다. 오랜 시간 교회를 위해 충성하고 헌신했던 한 장로님의 아들로부터 "내 마음속에 하나님이 없어요"라는 말을 듣고 얼마나 충격을 받았는지 모른다. 지금 이 시간, 자신의 자녀를 떠올려 보라. 가정에서 바른 신앙으로 양육하고 있는가?

가정예배를 드리라

가정 내 신앙 교육 이야기를 할 때 빠지지 않고 등장하는 것은 바로 가정예배다. 최근 5년간 기독교 출판 시장에는 가정예배의 중요성과 실천 방법에 대한 책이 쏟아져 나왔다. 그만큼 자녀 세대의 마음속에 기독교 진리가 스며들게 하는 데 가정예배만큼 중요한 것은 없다.

미국 칼빈신학교에서 공부할 때의 일이다. 새로 거처를 옮기자마자 학기가 시작되었고, 둘째를 임신 중이던 아내와 어린 딸의 육체적, 정신적 피로는 극에 달했다. 당시 두 살이던 첫째 아이는 새로운 환경에 적응을 하지 못하고 하루 종일 엄마를 보챘다. 박사 진학을 앞둔 필자는 아침부터 밤까지 마치 고등학교 3학년 학생처럼 하루 종일 학교에 가 있었다. 아내와 아이는 지쳐만 갔다. 일가친척이나 도움의 손길을 기대할 수 없는 형편에다 짙은 외로움, 경제적인 어려움을 헤쳐 나가기에 힘에 부쳤다. 이 시기에 혼미한 정신을 일깨운 장인어른의 처방이 있었다. 짧은 시간이라도 가정예배를 드리라는 권유였다.

아무리 열심히 한다고 해도 하나님이 길을 열어 주시지 않으면 무슨 소용이 있겠는가? 가정이 평안하지 않고, 하나님과 동행하지 않는다면 인간의 업적과 성취가 무슨 소용이 있겠는가? 가정에서 예배를 드린다는 것은 하나님을 우리 주인으로 인정하는 행위이며, 내 인생을 내 마음대로 하는 것이 아닌 하나님의 인도하심을 따르겠다고 하는 신앙의 표현이다. 짧은 시간이지만 두 살 아이와 함께 "예수 사랑하심을", "좋으신 나의 하나님"과 같은 찬양을 부르면서 느꼈던 감격이 지금도 생생하다.

사람은 예배하는 인간(homo adorans)이요, 영적인 존재(homo spiritualis)

임이 분명하다. 하나님은 어린아이의 입술을 통해서 찬양을 받으셨다. 부족한 초보 부모에게 교훈을 주시고, 힘든 시간을 버틸 수 있는 용기를 더하셨다. 아이는 더 이상 불안해하지 않고 영적으로도 안정되었고, 낯선 친구들만 있던 타국의 유치원도 용감히 다닐 수 있게 되었다.

가정예배라고 해서 대단히 거창해야 하는 것은 아니다. 하루에 최소 10분의 시간을 투자하는 것이다. 그런데 많은 가정이 이 10분을 불편해하거나 번거롭게 여긴다. 어떻게 해야 할지를 몰라 부담스러워한다. 아니면 서로가 서로의 인격적 약점과 신앙적 결점을 너무나도 잘 알기에, 집에서 함께 예배하는 모습이 때로는 어색하고 불편하다.

시작이 중요하다. 오늘 당장 가정예배를 시작해 보라. 가정예배는 신학적이거나 다채로운 예배 순서가 필요하지 않다. 찬양으로 시작하라. 부모가 악기를 다룰 수 있다면 금상첨화지만 설사 악기에 문외한이라 할지라도 요즘은 유튜브(Youtube)에서 다양한 스타일의 반주를 활용할 수 있다. 함께 찬양을 부르면, 그 속에서 교통하시는 하나님을 느끼고, 함께하는 가족 구성원들과 한마음이 되는 것을 경험할 수 있다.[2]

말씀을 함께 읽고 서로의 생각을 나누라. 꼭 가장이 설교할 필요는 없다. 적절한 분량의 본문을 함께 읽거나 교독하고, 아이들이 어떻게 생각하는지 들어 보라. 마지막으로 마음을 모아 기도하라. 나라를 위해, 힘든 이웃을 위해, 가족과 친지를 위해 다양한 기도 제목으로 함께 구하라.

가정예배는 꾸준함이 중요하다. 마치 일정한 분량 매일 복용해야 효과를 볼 수 있는 비타민처럼, 가정예배도 성실히 시행해야 한다. 매일 반복되는 가정예배의 경험은 영적 리듬을 만든다. 일종의 거룩한 습관의 형성이다.[3] 바쁘게 돌아가는 세상 속에서, 잠시 일을 멈춘다는 것은 우리에게 귀한 신앙 훈련이 된다. 우리가 가만히 서서 하나님의 일하심을 구하고 기대하는 것이다. 그러므로 가정예배는 이 세상 어떤 것과 비교할 수 없을 만큼 중요한 신앙 성장의 기초다.

잠자기 전, 대화하며
축복하는 시간을 가지라

 부모와 자녀가 하루 평균 함께하는 시간이 얼마나 될까? 하루에 최소 한 끼는 자녀와 함께할 시간이 있는가? 하루에 얼마나 대화하는가? 2018년 통계를 참조하면, 우리나라 가정에서 자녀와 부모가 함께하는 시간은 일일 평균 13분이며, 매일 자녀와 대화하는 가정이 53.7퍼센트로 OECD 국가 평균인 70퍼센트보다 훨씬 낮았다.[4]
 현대인은 늘 바쁘다. 아이들은 공부하느라, 어른들은 경제 활동을 하며 사회 속에서 생존하고자 늘 악전고투 중이다. 자녀가 초등학생인 시기에 부모는 한창 직장에서 경력을 쌓을 시기이기 때문에 바쁘다. 중고등학생 시기의 자녀는 밤늦은 시간까지 학원에서 공부하다 집에서는 잠만 자는 경우도 허다하다. 자녀가 자라 그토록 고대하던 대학에 들어가는 순간, 아이들은 부모 품을 떠난다. 더 이상 함께할 시간이 주어지지 않는다.

필자의 경우도 마찬가지다. 대학교에 진학하고 대학원, 군목, 유학을 거치면서 부모님과 함께하는 시간이 현저히 적었다. 빠른 세월을 보내고 이제야 돌아보니, 부모님은 70대가 되셨고 필자도 50대를 바라보는 중년이 되었다. 우리의 인생이 이토록 살같이 지난다.

부모의 영향을 가장 오래, 가장 많이 받는 시기가 바로 어린 시절이다. 꼭 장 피아제(Jean Piaget)나 제임스 파울러(James W. Fowler), 에릭 에릭슨의 발달심리학적 이론을 제시하지 않더라도, 어린 시절 아이의 눈에 비친 부모는 모든 것을 할 수 있는 존재다. 아이들은 아빠 몰래 커다란 구두를 신어 보기도 하고, 엄마의 화장품을 발라 보거나 옷을 입어 보기도 한다.[5]

자녀가 자기 전, 침대 머리에 앉아 아이 이마에 손을 올리고 하나님께 복을 구하는 기도를 드리고 성경 이야기를 들려준다면, 평생 잊을 수 없는 신앙의 경험을 제공하게 된다. 이때는 일방적인 훈육이 아닌 대화의 시간이며, 이야기를 들어 주는 시간임을 명심하라. 자녀의 여러 질문에 답하는 시간이 될 수도 있다. 무엇보다 아이의 상상력과 창의력을 길러 주는 대화가 되면 좋겠다. 부모가 들려준 축복과 기도의 메시지는 밤새 아이들의 생각과 잠재의식 속에 맴돌 것이다.

이처럼 가정예배는 자녀에게 정신적, 영적인 안정감을 더해 주며 정서를 함양하는 시간이다.

마음을 터놓고
이야기하는 시간을 가지라

마태복음 10장 36절에 "사람의 원수가 자기 집안 식구리라"라는 구절이 있다. 이 무슨 풍딴지같은 말씀이냐고 반문하는 분이 있을지 모르겠다. 말세의 특징 중 하나가 바로 사랑이 식고, 서로가 서로를 믿지 못하고, 미워하는 모습이라고 성경은 말한다. 성도의 가정이라 할지라도 문제없는 가정이 어디 있을까. 아무리 모범이 되는 교회생활을 한다 할지라도, 삶에 드리운 커튼을 살짝 걷고 안을 들여다보면 가족 구성원 간에 어려운 부분이 분명 존재한다. 부부 사이, 고부 사이, 부모와 자녀 사이, 자녀와 자녀 사이에서 우리는 다양한 갈등 유형을 경험한다.

감사하게도 참으로 훌륭한 부모님을 만난 필자는 지금까지 부모님으로부터 상처받거나 응어리가 남을 일이 전혀 없다. 한평생 자녀를 위해 희생하신 그 사랑을 갚지 못해 늘 죄송할 따름이다. 부모님이 이 땅에 살아 계신 동안에 그 헌신의 10퍼센트라도 돌려 드릴 수 있을까? 아마 불가능할 것이다. 그런데 이러한 큰 사랑을 받고 자란 필자는 과연 좋은 부모가 되었을까?

어린 시절 그토록 사랑스럽기만 하던 두 딸이 성장하여 질풍노도 시기의 한복판에 섰다. 첫째가 한 살 때 유학을 떠났고, 미국에서 둘째 딸이 태어났다. 유학을 마친 후 다시 한국으로 돌아와야 했기에, 아이들은 새로운 문화와 환경에 다시 적응해야 했다. 첫째 아이는 초보 부모가 미숙한 탓도 있고, 언어와 문화 차이를 극복하는 데 어려움을 겪어 오랫동안 학교 적응이 쉽지 않았다. 반면 둘째 딸은 발달 단계의 특성과 시기상, 문화나 언어 차이를 극복하기가 비교적 수월했다. 그냥 두어도 언니가 먼저 걸어간 길을 따라가기에, 혼자서도 척척 모든 일을 잘해 냈다. 그러니 아무래도 힘들어하는 아이에게 마음이 더 가는 게 부모 심정 아니겠는가.

그런데 사춘기가 되니 수년간 쌓였던 둘째 딸 마음속의 응어리가 터져 나왔다. 부모에 대한 섭섭함과 반항심이 강하게 표출되기 시작했다. '왜 나는 잘해도 칭찬을 받지 못하지? 왜 나에게는 관심이 없는 것 같지?' 이러한 마음이 자리 잡았던 것 같다. 긴장과 갈등이 심화되던 어느 날 저녁, 네 식구가 함께 모였을 때 이런 이야기가 터져 나오게 되었고, 아이는 그간 섭섭했던 이야기를 새벽 2시가 되도록 털어놓았다. 필자는 두 가지에 놀랐다. 첫째는 부모인 나는 기억도 못하는, 10년도 더 된 이야기를 척척 지적해 내는 아이의 기억력이었다. 둘째는 부모로서 내가 부족한 부분이 많았다는 점이었다.

말을 꺼내는 작업은 고통스러웠지만, 마음을 터놓고 또 이야기를 들어 주면서 우리는 서로의 마음을 이해하게 되었다. 이 시간은 하나님이 우리 가정을 사랑하시기에 준비해 주셨다는 확신이 들었다.

눈을 마주하며 이야기하는 것은 대화의 기본 중에 기본이다. 그런데 여러분은 하루에 몇 분이나 가족의 눈을 마주 보며 이야기하는가? 상대방의 눈동자 속에 비친 자신의 모습을 잠시라도 본 적이 있는가? 우리는 그만큼의 마음의 여유도 없는 바쁜 삶을 사는지 모를 일이다.

상담학에서는 성공적인 상담의 기본이 바로 '라포(rapport) 형성'이라고 가르친다.[6] 서로가 서로의 마음의 문을 여는 단계가 있어야 대화와 설득으로 이어진다. 가정 교육도 마찬가지다. 아무리 좋은 가르침이 있어도 마음의 문이 닫혔다면 그 진리는 마음속으로 진입하지 못한다. 배우자나 자녀에게 마음의 문을 열어 놓고 있는가? 부끄럽고 어색하지만, 오늘 그 걸음을 시작해 보자. 무엇이든 처음 시작이 힘든 법이다. 그러나 마음의 문을 열면, 행복 비타민이 가정에 활력을 더해 줄 것이며, 하늘의 기쁨이 이 땅에서도 이루어질 것이다.

존경할 만한 부모가 되라

가정이라는 공간은 험한 세상의 삶 속에서 편안함과 안정을 제공하는 유일한 장소다. 공적인(public) 장소에서 공적인 삶을 살다가, 가장 사적인(private) 영역으로 들어오면서 우리는 심신의 회복과 다시 세상으로 나아갈 힘을 얻는다.

그러나 아이러니하게도 공적인 영역에서 존경받기는 어렵지 않지만, 가정에서 진정 존경받기는 쉽지 않다. 교회에서는 직분자요, 훌륭한 신앙인이지만 그 자녀들이 교회를 싫어하고 신앙생활로부터 멀어지는 경우를 자주 목도한다. 거기에는 가정마다 다양한 사유가 있을 테고, 그 사정에 대해서는 아무도 손가락질하거나 왈가왈부할 자격이 없다. 다만 겸손하게 나와 나의 가정을 돌아볼 뿐이다.

어느 날 가족이 함께 다과를 나눌 때의 이야기다. 늘 가족을 위해 희생하며 헌신적인 사랑을 베풀어 주는 아내를 칭찬함과 동시에, 아이들이 기도할 의욕을 얻도록 이렇게 말했다. "얘들아, 아빠가 어릴 때부터 하나님께 늘 기도했어. 그러니 봐 봐. 하나님이 이렇게 예쁜 엄마를 아빠에게 주셨잖아!" 그러자 둘째가 엄마를 바라보며 이렇게 이야기했다. "아니, 엄마! 도대체 하나님께 어떻게 했기에 아빠를 만났어?" 사춘기 딸아이의 유머 속에는 촌철살인의 메시지도 담겼으리라. 아빠의 모습에 실망한 부분이 있었던 것은 아닌가 돌아보는 계기가 되었다.

진정한 신앙인이라면 교회에서의 삶과 일상의 삶 사이에 괴리가 없어야 한다. 주일에 은혜 받았던 그 마음으로 일상을 살아야 한다. 쉬운 일은 아니다. 자신의 모난 성품을 주님을 닮은 모습으로 바꾸기란, 말씀대로 살려는 의지와 하나님의 은혜 없이는 불가능하기 때문이다. 가정의 신앙 교육을 어떻게 할 것인가에 대한 수많은 책과 아이디어, 그 모든 것이 필요하다. 그러나 그 어떤 방법도 자녀가 부모를 존경하지 않는다면 울리는 꽹과리와 같다.

무엇보다 부모들은 교회의 뒷이야기를 집에서 하지 말아야 한다. 아이들은 듣지 않는 것 같아도 다 듣는다. 목회자의 부족한 점, 그들의 비하인드 스토리, 어느 성도의 부정적인 이야기들이 식탁 대화의 주 이슈라면 자녀의 마음속에는 교회와 성도에 대한 부정적인 생각이 자리 잡게 될 것이다. 결국 자녀가 부모로부터 독립하는 날, 교회를 떠나는 결정적인 이유가 된다.

목회자를 꿈꾸는 젊은이가 줄고 있다고 한다. 물론 여기에는 한국 교회의 책임이 크다. 교회가 교회다운 모습으로 사회 속에 서지 못했고, 빛과 소금의 역할을 감당하지 못했기 때문이다. 그러나 그보다 더 직접적이고 본질적인 원인이 자리한다고 생각한다. 바로 목회자들이 교회 안에서 행복해 보이지 않기 때문이다. 성도로부터 늘 비난을 들으며 힘들어하는 모습을 보면서, 그 어느 젊은이가 목회자의 꿈을 꾸고 싶을까.

부모는 자녀에게 롤 모델이 되어야 한다. 이는 하나님이 부모에게 주신 사명이다. 아이들은 부모의 모습을 보며 신앙의 기초를 닦는다. 부모의 모습은 하나님에 대한 개념에도 영향을 미친다. 부모와의 부정적인 경험은 하나님의 이미지를 왜곡하고, 기도 생활에 어려움을 주기도 한다. 예를 들면, 어린 시절 아버지로부터 가정 폭력을 당했던 사람이 "하나님 아버지"라고 입을 떼고 기도를 시작하기가 그렇게 어려웠다는 이야기를 들었다. 반면 부모와 긍정적인 교제를 나누었던 경험은 하나님과의 깊은 교제의 자리로 들어가는 데 큰 도움을 준다. 여러분은 어떤 부모가 되고 싶은가?

교회학교와
동역하라

만약 우리 아이의 신앙 발달 과정에 문제가 생겼다고 가정해 보라. 일차적으로 누구의 책임인가? 사람은 누구나 책임을 미루려는 본성이 있다. 이 마음은 태초의 '아담 할아버지', '하와 할머니' 시절까지 거슬러 올라가는 오랜 역사를 지녔다. 아이들이 부모의 기대만큼 성장하지 못할 때, 때로 부부 싸움의 원인을 제공한다.

예를 들어, 고등학교 3학년인 자녀의 대학 입시 성적이 형편없이 나왔다. 좋은 대학을 나온 아빠가 혀를 끌끌 차면서 말한다. "아니, 머리는 나를 닮았어야 하는데 자기 엄마를 닮아서…." 갑자기 이 이야기를 들은 아내가 버럭 화를 낸다. "아니, 내가 좋다고 졸졸 따라다닐 때는 언제고, 왜 이제 와 큰소리야? 아이 공부에는 신경도 안 쓰던 사람이!"

신앙 교육의 영역에서도 마찬가지다. 교회생활이나 신앙 교육에 전혀 관심을 두지 않고 그저 '선데이 크리스천'으로 오랜 세월을 지내던 한 가정의 사례다. 어느 날 교회에서 '온 가족 성경퀴즈대회'가 있었고, 평소 전혀 성경을 읽지 않는 이 가족에게 사회자가 계속해서 질문을 하는 바람에 부끄러움만 가득 안게 되었다. 집에 돌아오자마자 부부는 왜 아이에게 진작 성경을 가르치지 않았느냐고 서로를 비난하고 자녀를 꾸짖었다. 그러나 아이는 아무 죄가 없다. 아이의 신앙 교육에 아무런 관심을 보이지 않은 부모의 책임이다.

이럴 경우 어떻게 하면 이 난국을 헤쳐 나갈 수 있을까? 부모의 힘만으로는 역부족일 것이다. 이때 우리는 전도서의 말씀을 떠올릴 수 있어야 한다.

"한 사람이면 패하겠거니와 두 사람이면 맞설 수 있나니 세 겹 줄은 쉽게 끊어지지 아니하느니라"(전 4:12).

짧은 시간이라도 마음을 정해 가정예배를 드리고 성경을 보는 습관을 들여야 한다. 이 훈련은 외로운 싸움이다. 부모가 경건 훈련이 충분히 되지 않았는데 단시간에 아이들에게 무엇을 보여 줄 것이며, 무엇을 가르쳐 줄 것인가? 교육부서 담당 목회자의 도움이 필요할 수 있다. 보통 교역자들은 교회에서 성경공부 프로그램, 혹은 교리 공부를 개설해 인도하는 경우가 많다. 이를 적극 활용해 일주일에 한 시간이라도 말씀을 공부한다면 의외로 빠른 시간에 본궤도로 진입하는 경우가 많다. 혹 교회의 규모가 작아서 이와 같은 모임이 부재하다면, 교육부서 담당 목회자가 가정에서 함께 읽고 나눌 만한 신앙 서적이나 큐티지, 가정예배 지침서 등의 목록을 제공할 수 있다.

가정과 교회학교의 연계는 매우 중요하다.[7] 가정과 교회는 각기 나름의 독특성을 지닌다. 가정에서 잘할 수 있는 부분이 존재하고, 교회가 가능한 부분도 있다. 그러므로 가정과 교회학교는 긴밀한 연결을 통해 아이들의 신앙 형성에 시너지 효과를 낼 수 있어야 한다. 교회학교 교사와 담당 교역자는 때때로 부모 교육 세미나, 부모님과 함께하는 예배, 목회 서신 등을 준비해야 한다. 무엇보다 가정에서 드릴 수 있는 예배 자료들을 개발하는 것도 좋겠다. 부모들은 미안해하거나 부끄러워하지 말고, 아이들의 신앙 성장을 위해 교회의 도움을 받는 것이 좋다.

얼마 전 경기도 어느 교회에서 주일 설교를 했다. 한 성도님이 찾아와 인사를 건네는데, 필자가 20년 전 중등부 전도사로 섬기던 학생의 부모님이셨다. 당시 중학교 1학년이던 아이가 성장통을 단단히 앓아 부모님의 근심이 되었는데, 그 부모님은 20대 중반이던 필자에게 도움을 청해 오셨다. 아이를 위해 머리를 맞대고 함께 노력했던 시간이 떠올랐다. 20년의 세월이 지났지만 선명한 기억이었고, 머리가 희끗해진 그분들의 모습을 뵈니 감동의 눈물이 마음으로부터 흘렀다.

자신의 연약함을 부끄러워하지 말고 오늘 당장이라도 도움을 받으라. 교회와 함께, 교역자와 함께 동역하라. 하나님의 역사하심을 믿고 지금 시작하라. 분명 변화의 역사가 일어날 것이다.

가정에서의 신앙 교육, 어떻게 할 것인가?

◎ 훌륭했던 신앙의 선진이라 할지라도, 그들의 자녀가 부모의 믿음과 신앙을 능가했다는 이야기를 성경에서 발견하기 어렵다.

◎ 자녀 교육은 부모의 기대와 욕심대로 되지 않는다. 가정에서의 신앙 교육, 어떻게 해야 할까?

◎ 가정 교육은 가정예배로부터 시작한다. 가정에서 드리는 예배는 이 세상 어떤 것과 비교할 수 없을 만큼 중요한 신앙 성장의 기초가 된다.

◎ 가정예배는 꾸준함이 중요하다. 마치 매일 꾸준히 복용해야 효과를 볼 수 있는 비타민처럼, 가정예배도 성실히 시행해야 한다. 반복되는 경험은 영적인 리듬을 형성한다.

◎ 잠자기 전, 아이들과 대화하며 축복하는 시간을 가지라.

◎ 아이들이 존경할 만한 부모가 되라. 부모가 신앙의 모델이 되어야 한다.

◎ 교회학교의 도움을 받으라. 가정과 교회학교의 연계는 매우 중요하다.

5장

부모 교육,
어떻게 할 것인가?

　한 가정이 해외여행을 떠났다고 생각해 보자. 모처럼의 여행에 즐거운 마음으로 아빠와 엄마, 그리고 어린 두 자녀가 함께 비행기에 탑승한다. 아빠는 기내에서 상영해 주는 영화에 빠져 있고, 엄마는 면세품 목록을 들여다본다. 아이들은 게임을 하며 여유를 즐기는 중이다. 그때 비행기가 심한 난기류를 만나고 만다. 다급한 기장의 외침이 들려오고, 산소 마스크가 자동으로 머리 앞쪽 선반 위에서 내려온다. 한시가 긴박한 그 순간, 부모는 고민한다. 누가 먼저 산소 마스크를 써야 할 것인가? 어린 자녀들의 입에 먼저 씌우고 난 후 자신이 쓸 것인가? 아니면 부모 자신이 먼저 착용한 후 아이들에게 씌워야 할 것인가? 만약 여러분이 이와 같은 상황을 겪는다면 어떻게 행동할 것인가?
　전문가들은 이 같은 절체절명의 순간에 부모가 먼저 산소 마스크를 쓰는 것이 효과적이라고 말한다. 아이들에게 산소 마스크를 먼저 씌우려 한다면 부모가 자신의 골든 타임을 놓칠 가능성이 많지만, 부모가 먼저 착용한 후 침착하게 아이들에게 씌운다면 부모와 아이들 모두 위기를 극복할 가능성이 훨씬 높기 때문이다.[1]

필자는 이 이야기가 우리에게 주는 큰 교훈이 있다고 생각한다. 보통 교회교육이라고 하면 자녀 세대를 어떻게 교육할 것인가를 생각한다. 아이들을 위한 프로그램을 구성하고 그들을 대상으로 어떻게 효과적으로 가르칠지 고민한다.

그러나 교육을 받아야 할 1차 대상자는 부모다. 부모가 먼저 교육을 받아야 가정에서 성경적 분위기를 유지할 수 있으며, 교육의 실천으로 이어진다. 부모가 먼저 하나님의 은혜를 경험하고 신앙 교육에 대한 열심을 품어야 가정에서 아이들을 믿음으로 양육할 수 있다. 그렇다면 목회자들은 부모를 대상으로 어떻게 교육할 수 있을까? 부모들은 무엇을 알아야 하며, 어떻게 실천해야 할까?

부모로
자라는 시간[2]

필자가 군목으로 육군에 복무하던 당시, 하나님이 귀한 딸을 가정에 보내 주셨다. 출산일 당시가 생생하다. 아내의 양수 부족으로 어쩔 수 없이 예정일보다 2주 먼저 유도분만으로 출산하게 되었다. 이 소식을 들은 필자는 최전방에서 병원으로 한달음에 달려갔다. 아이는 너무나도 작고 귀여웠다. 아마 2주 빨리 세상에 나왔으므로 다른 아이들보다 더 작았을지 모르겠다.

며칠 후 퇴원을 하고, 전방에 위치한 한 관사에서 세 식구가 생활하게 되었다. 그런데 초보 아빠는 모르는 것, 부족한 점이 너무 많았다. 제일 힘든 일은 아이를 안전하게 안는 법이었다. 고등학교 때부터 농구를 좋아해 수많은 경기를 뛰며 패스를 주고받는 데 익숙하기에, 무언가 손으로 잡는 것은 다 자신 있다고 생각했다. 그러나 막상 내 손에 이 작은 아이가 안겨 있다고 생각하니 행여 아이를 바닥에 떨어뜨릴까 두렵기 그지없었다. 목욕을 마친 아이를 안고 수건으로 닦을 때마다 눈앞이 아득했다.

몇 달 후, 전역을 앞두고 집을 정리하던 중이었다. 아내는 잠시 외출하여 일을 보고 있었고, 필자 혼자 아이를 돌보다 기저귀를 갈아 줘야 했다. 그때 아이는 한창 뒤집기를 하던 시기였다. 아이를 잠시 침대 위에 눕혀 두고, 고개를 돌려 티슈를 집어 들려는 그 순간, "쿵!" 하는 소리와 함께 울음소리가 들렸다. 아이가 침대에서 바닥으로 떨어진 것이다. 아, 그때의 죄책감은 지금도 선연하다. 아이는 오후부터 밤이 새도록 울었고, 초보 아빠는 어쩔 줄 몰랐다. 그때 이런 말이 입 속에서 맴돌았다. "처음이라 미안하다…." 시간이 지나자 다행히 아이는 안정을 찾아 갔고, 상황은 무사히 종료되었다.

그 후 아이를 키우면서 겪는 모든 것이, 당사자도 처음 겪는 일이겠지만 필자에게도 처음이었기에, 늘 부모가 된다는 것이 쉽지 않은 일임을 깨달았다. 그러면서 아버지, 어머니는 아들을 어떻게 키우셨는지 생각하며 부모님에 대한 존경심이 더욱 생겼다.

그 사건이 벌써 14년이 지난 일이다. 우리 가정은 앞으로도 한 번도 가 보지 못한 길을 걸어야 한다. 우리 인생이 다 그렇지 않은가. 오늘, 내일, 모레…. 우리는 이 땅에서 한 번의 삶의 기회를 부여받은 인간이기에, 모든 것이 새로울 수밖에 없다. 자녀 교육도 그렇다.

미국에서 교육학을 공부하면서 어린이의 신앙 교육 및 종교와 영성, 인지 발달 등에 대한 수많은 강의를 들었고, 책도 무수히 읽었다. 나름대로 이 분야 전문가라 생각했다. 그런데 아이를 키워 보니 어디 가서 자녀 교육에 대한 신앙 강좌를 힘 있게 강의하기가 말처럼 쉽지 않았다. 부모로서 자녀를 양육하는 일이 쉬운 일이 아님을 삶으로 배웠기 때문이다.

누가 책에 나온 대로 아이들을 키울 수 있겠는가? 그대로 실천한다고 아이들이 그대로 자라 주는가? 하나님이 간섭해 주시지 않고서는 아무리 최고의 교육학자가 자녀를 양육한다고 해도 부모의 바람대로만 자라 주지는 않을 것이다. 그럼에도 불구하고 교회는 신앙 교육의 출발점이자 가장 중요한 대상인 부모를 교육해야 하며, 도움이 될 만한 자료들을 제공해야 한다.

가정에서 부모가
가르쳐야 할 5가지

아마 이런 말을 들은 적이 있을 것이다. "자녀는 무서울 만큼 그 부모를 닮는다!" 아이들은 어린 시절부터 부모의 작은 행동까지 다 관찰한다. 연구에 따르면, 생후 1개월 아이도 부모가 혀를 내밀면 똑같이 혀를 내미는 놀라운 모방 능력을 보인다.[3] 그러니 아이들이 성장하면서 부모의 많은 부분들을 얼마나 닮아 갈지 떠올리면 아찔하기가 그지없다. 부모와 유전적으로도 굉장히 유사한 부분이 많다. 부모의 체질과 체형을 물려받고, 신체적 장점뿐 아니라 '가족력'이라 불리는 육체의 질병 또한 비슷하게 경험하기 마련이다. 같은 환경 속에서, 같은 음식을 먹으며, 같은 생활 패턴으로 살아가기 때문에 자녀들은 부모의 거의 모든 부분을 닮는다.

때때로 자녀가 다른 친구와 잘 어울리지 못하거나 폭력을 휘두르는 모습을 자세히 관찰해 보면 가정에서 부모와의 관계나 자녀 양육 방법에 문제가 있을 가능성이 무척 높다. 부모는 자녀의 거울이다. 그러므로 부모는 자녀 앞에서 하나님의 말씀대로 살아 내야 하는 책임과 의무를 가진다.

그렇다면 가정에서 부모는 아이들에게 무엇을 가르쳐야 하는가? 부모가 일상의 행동으로 가르칠 영역과 의도성을 가지고 가르쳐야 할 영역으로 나누어서 설명하고자 한다.

❶ 예배의 소중함을 가르치라

먼저, 부모는 아이에게 예배의 소중함을 가르쳐야 한다. 가정에서 부모가 매일 짧은 시간이라도 아이의 손을 잡고 찬양하고 기도하며 대화하는 시간을 가진다면, 예배가 무엇인지, 예배가 왜 소중한지 자연스럽게 아이의 마음과 머리에 새겨지게 될 것이다.

예배는 강의를 통해 그 개념이 무엇인지를 배우고 난 후에야 드리는 것이 아니다. 우리는 예배를 드리면서 예배하는 법을 배운다. 어린 시절부터 진지한 마음으로 가족이 함께 모여 찬양하고 기도한다면, 어린이의 부드러운 마음속에 잊히지 않는 기억으로 남게 될 것이다. 가정 내에 기독교적 분위기를 형성하는 것은 매우 중요하다. 거룩한 습관이 어린 시절부터 바로 심겨야 한다.[4]

❷ 부모가 기도하는 모습을 보이라

아무리 부모가 기도를 강조해도 아이들은 기도하지 않는다. 부모가 하나님께 간절히 기도하는 모습을 보여 주는 것이 아이에게는 보다 효과적인 가르침이다. 필자 또한 학창 시절, 새벽녘 누군가 내 손을 잡고 중얼거리는 소리에 깜짝 놀란 경험이 자주 있다. 점심, 저녁 도시락을 싸 주기 위해 일찍 일어나신 어머니가 내 손을 잡고 간절히 기도하시던 시간이다. 어머니가 늘 나를 위해 기도해 주신다는 믿음은 세상의 유혹을 극복하는 원동력이 되었고, 결국 하나님의 종으로 살겠다고 결심하는 결정적인 이유로 작용했다. "기도하는 자식은 망하지 않는다."

자녀에게 기도하는 모습을 보이라.

   자녀가 아플 때 머리에 손을 올리고 기도하라. 100점을 받았다고 자랑스럽게 집에 들어오는 아이들을 맞이할 때 하나님께 감사의 기도를 올리라. 현장 학습을 떠나는 아이를 안고 짧게라도 기도를 해주라. 중요한 결정을 앞둔 아이와 대화하며 하나님께 함께 기도해 보라. 그만큼 탁월한 신앙 교육이 없을 것이다. 이 세상 모든 일에는 하나님의 역사와 간섭하심이 있어야 한다는 진리가 자녀의 삶에 새겨질 것이다.

❸ 부모의 삶으로 가르치라

   부모의 언어와 행동, 그리고 삶의 태도가 교회 안에서만이 아니라 일상에서도 동일함을 보여 주라. 아이들은 머리가 커 갈수록 자신의 부모를 평가하게 된다. 아무리 교회에서 훌륭한 신자의 모습이라 할지라도, 아이들은 부모의 언어 생활, 취미, 엄마와 아빠의 관계, 일상에서의 모습을 본다. 부모는 자녀들에게 말씀대로 사는 삶이 무엇인지를 보여 주어야 할 책무가 따른다.

   부모의 신앙이 삶으로 이어지는 모습을 보고 자란 아이들은 자신의 부모를 존경하게 된다. 그 마음은 부모의 가르침과 조언에 더욱 마음 문을 열게 한다. 아무리 사춘기, 질풍노도의 시기를 겪는다 할지라도, 부모를 존경하는 아이들은 겉으로는 혹 그 가르침에 반기를 든다 할지라도 마음 깊은 곳에는 부모의 조언이 심겨 있다.

❹ 자녀와 많은 대화의 시간을 가지라

부모는 자녀에게 말씀과 주요 교리들을 가르칠 뿐 아니라, 성경적 세계관으로 세상을 바라보게 하는 대화의 시간을 가져야 한다. 세상은 날로 어두워져 간다. 세속적인 가치관이 사회 분위기와 교육 체계를 형성해 나간다. 전통적인 가치 체계를 무너뜨리고 상대주의에 근거해 모든 것의 자유를 인정하는 방식으로 진행되고 있다. 최근 대두되는 동성애 이슈나 차별 금지법, 학교에서의 체벌 금지, 초등학생 성교육 교재 논란 등을 살펴보라. 사람의 인권과 자유를 존중하는 취지라고 주장하지만, 기독교 가치관을 교묘하게 공격한다.

다행히 2020년까지는 한국 기독교계가 힘을 모아 이것들을 막아 낼 여력이 존재했다. 그러나 앞으로 10년 후, 상황이 역전될 가능성이 높다. 보수적 신앙관을 견지한 기성세대들은 하나님의 부르심을 받을 것이고, 남은 교회와 성도들은 절대적인 수의 감소뿐 아니라 사회 속에서 목소리를 잃을 것이다.

그럼에도 불구하고 우리는 사명을 다해야 한다. 우리의 다음 세대에게 하나님의 말씀을 바르게 가르치고, 그 관점으로 세상을 바라보게 하고, 성경대로 살도록 가르쳐야 한다. "하나님! 이 땅에서의 생존만 추구하지 않게 하시고, 주님의 뜻을 위해 명예롭게 죽게 하옵소서."

❺ 공동체 속에서 어울리는 법을 가르치라

공동체 속에서 함께하는 법은 교회 안의 다양한 활동에 참여함으로,

그리고 다른 가족과의 교류를 통해 배울 수 있다. 코로나19 바이러스로 사람이 사람을 부담스러워하고 두려워하는 시대다. 4차 산업혁명은 코로나 이후에도 비대면의 사회적 분위기를 유지해 나갈 것이다. 이와 같은 전망 속에서 많은 신학자들과 사회학자들은 교회도 시대의 변화에 발맞추어 변화를 추구해야 한다고 목소리를 높인다.

예를 들면, 전통적인 교회론을 재고하고, 온라인 시대에 맞는 새로운 교회 플랫폼을 구성하자는 것이다. 그들의 주장은 설득력이 있다. 그러나 결국 교회 공동체성에는 큰 해를 미칠 것이다. 공동체성보다 정체성이 더 중요하다는 말도 하는데, 공동체성 없는 정체성이 가능한지 반문하고 싶다. 개인의 정체성은 공동체 속에서 형성된다. 자신이 어디에 소속되어 있는지가 결국 그 사람의 정체성이다. 물론 유비쿼터스(Ubiquitous) 시대에 영적인 안목으로 보면 결국 하나님께 속했다는 정체성이 중요하지 않느냐고 반문할 수 있다. 그러나 사람은 가시적으로 보고 느끼고 경험해야 하는 존재다. 사람이 가진 이 육체성은 타인과 부대껴야 한다는 특성을 지닌다. 세상이 비대면, 온라인 시대로 진입한다 해도 교회는 전통적인 교회론과 공동체성을 포기해서는 안 된다.

물론 지난해 몇몇 교회가 코로나 방역 수칙을 어기고 사회적 물의를 일으킨 것은 분명 잘못이다. 그러나 이를 근거로 현장 모임을 추구하는 교회를 향해 공적 사명을 감당하지 않고 재정적인 욕심을 채우려고만 한다고 질책하는 것은 지나친 단순화다. 또한 정부 지침대로 무조건 모든 것을 멈추는 모습이 교회의 공공성을 높이고 사회 속에서 기독교의 위상을 세우는 일이라고 단정하기 어렵다. 부모는 자녀가 교회 예배와 부서 모임, 소그룹 등의 공동체에 자유롭게 참여하도록 권유하고 여건을 마련해야 한다. 교회 공동체야말로 좋은 곳, 즐거운 곳이라는 관념은 앞으로의 신앙생활에 중요한 요인으로 작용할 것이다.

자녀를 양육하는 성도를 향한 교회의 역할

해외 여러 교단의 유아세례식 모습을 살펴보면 흥미로운 점을 발견할 수 있다. 세례식 말미에 담임목사가 세례 증서와 기념품을 줄 뿐 아니라, 자녀 양육을 돕는 가이드북을 같이 선물하는 것이다.[5]

반면 필자가 유학을 마치고 한국의 여러 교회를 탐방하면서 재미있는 장면을 목격한 적이 있다. 최근 한국의 출산율이 낮아지고 다음 세대 숫자가 줄어들다 보니 몇몇 교회에서 유아세례식에 부모에게 선물로 금일봉을 주는 것을 보았다. 외적 상징인 물질 속에 사람의 마음이 들어 있으니, 축복과 격려의 의미가 담겼을 것이다. 그러나 돈은 한순간에 사라진다. 추억에 남지도 않는다. 함께 지켜본 성도들 중에 '아, 우리 때는 왜 저런 게 없었지?' 하며 아쉬운 마음으로 앉아 있는 분도 있었을 것이다. 그보다 더 중요한 것은 아이가 한 살, 두 살 자라면서 가정에서 무엇을 배워야 하고, 성경에 대해 어느 정도까지 알아야 할

지, 발달 단계에 따른 가이드라인을 제공하는 것이다.[6]

유아세례는 하나님의 언약에 기초한다. 세례식은 믿음의 가정 안에서 출생해 언약의 공동체에 속한 성도가 되었음을 가시적으로 공포할 뿐 아니라, 자녀를 믿음 안에서 양육하겠다는 부모의 신앙 고백을 강조하는 중요한 예식이다. 교회 공동체도 이 일에 증인이 되어 동참하겠다고 서약할 뿐 아니라, 신앙의 출발을 알리며 함께 축복한다.[7]

유아세례를 받은 아이들은 가정과 교회의 지도와 양육을 받으며, 이후 입교를 통해 열매를 맺게 된다. 유아세례가 부모의 고백으로 신앙 여정을 시작하는 것이라면, 입교는 성경과 십계명, 사도신경, 주기도문 등 주요 진리들을 배운 후 직접적인 고백으로 완성된다. 일반적으로 한국의 장로교에서는 만 14세 이후에 입교가 가능하다. 유아세례와 입교의 구도를 연결하는 것이 바로 신앙 교육(이것은 교리 교육을 비롯한 다양한 교육들을 포함한다)인 셈이다.

개혁주의 교육의 특징: 언약적

언약 개념은 교육의 시작, 과정, 목표를 이끄는 중요 주제가 된다.

그러므로 유아세례 시 부모가 무엇을 가르쳐야 할지에 대한 지침과 지혜를 담은 가이드북을 제공하는 것이 필요하다. 유아세례에 참여하는 부모들은 앞으로 부모로서 성장해 나가고 배워야 하기 때문이다.[8]

이에 각 교단은 교단의 신학과 교육 철학이 반영된 자녀 양육 가이드북을 개발하여 제공하면 좋겠다. 그 책은 앞에서 언급한 내용을 포함한다. 총회교육원의 홈페이지에는 부모 교육에 관한 다양한 콘텐츠를 업로드하면 좋을 것이다. 여기에는 그 책의 내용을 챕터별로 설명하는 영상뿐 아니라, 자녀 교육과 신앙 교육에 대한 국내외 저명한 강사들의 특강을 포함하면 좋겠다. 더 나아가 각 교단 내에서 대학교, 혹은 대학원을 운영하고 있으므로 교육과 예배, 상담 전문가, 혹은 해당 분야에 대한 현장 경험이 많은 목회자에게 질문하고 답변을 받는 게시판을 운영한다면 교회 내 성도들의 자녀 양육에 큰 도움이 될 것이다.

이와 같은 교단의 지원을 제도적으로 마련한다면 목회자들이 현장에서 부모들을 교육하기에 매우 유용할 것이다. 물론 현장 목회자들도 해야 할 일이 있다. 그것은 목양의 마인드로 부모들의 고충을 듣고 서로의 어려움을 나누는 소통의 장을 만드는 것이다. 교회 내에서 부모 교육 세미나를 정기적으로 개최하고, 때로는 저명한 외부 강사를 초청해 강의를 들을 수도 있다. 또한 교회 안의 부모들이 서로의 삶을 나누는 장을 마련하는 것이 필요하다. 부모와 자녀가 함께하며 서로를 이해할 수 있는 다양한 활동을 구성할 수도 있다. 공동체 안에서의 어울림과 교제는 또 다른 교육의 기회를 제공하기 때문이다.[9]

돌아보며 생각하기

부모 교육, 어떻게 할 것인가?

◎ 보통 교회교육이라고 하면 자녀 세대를 어떻게 교육할 것인가를 생각한다. 그러나 교육을 받아야 할 1차 대상자는 바로 부모다.

◎ 부모가 먼저 교육을 받아야 가정의 신앙 분위기를 유지할 수 있고, 이것이 바로 교육의 실천으로 이어진다.

◎ 가정에서 부모는 자녀들에게 '예배의 소중함'을 가르쳐야 한다. '기도하는 모습'을 보이라. 삶을 통해서 가르치고 자녀와 많은 대화의 시간을 가지라. 마지막으로, 공동체 속에서 어울리는 법을 가르쳐야 한다.

◎ 개교회와 교단은 부모들이 자녀를 효과적으로 양육할 수 있도록 제도적으로 도움을 줄 방법을 마련해야 한다. 아이들의 발달 단계에 따른 '자녀 양육 가이드북'과 같은 책들을 개발하여 제공하는 것이 필요하다.

6장

교회학교 교사 교육,
어떻게 할 것인가?

"신자는 태어나는가? 아니면 만들어지는가?" 초대교회의 유명한 교부 중 한 사람인 테르툴리아누스(Tertullian)가 던진 질문이다.[1] 여러분의 생각은 어떠한가? 답하기가 쉽지 않은 깊이 있는 질문이다.

먼저, 신자는 태어난다고 말할 수 있다. 성령 하나님이 사람의 마음속에서 역사하시고 믿음을 허락하셨기에 우리는 하나님을 믿고 고백한다. 그러나 동시에 신자는 만들어진다. 우리는 연약하고 부족하지만, 하나님은 좋은 목회자와 교사들을 통해 우리를 가르치시고, 그리스도의 장성한 분량이 충만한 데 이르기까지 성장하게 만드신다. 그러므로 신자는 태어나지만, 동시에 만들어지는 존재라고 할 수 있다.

지금은 신학교에서 학생들을 지도하는 교수지만, 어린 시절 필자는 무척이나 개구쟁이였다. 아버지가 사회를 보시던 크리스마스 전야 축제에서 당시 다섯 살밖에 되지 않던 필자가 공연 중에 무대에 올라 갑자기 노래를 불렀던 순간을 담고 있는 사진을 소중히 간직하고 있다. 필자보다 나이가 많은 형, 누나들까지도 이끌며 분위기를 주도하곤 했다. 언젠가 교회가 건축을 하고 입당예배를 드렸다. 당시 수요 예배와 주일 저녁 예배 시간에는 부모님을 기다리는 다른 아이들과 함께 지하부터 꼭대기 층까지, 건물 구석구석을 탐험하는 기쁨을 누렸다. 어느 수요일 저녁, 예배당 밖에서 아이들이 질문했다. "화랑아, 이게 뭘까?" 교회당 입구 옆의 빨간 버튼이었다. 필자는 호기롭게 외쳤다. "내가 눌러 볼게!" 버튼을 누른 순간, 귀를 찢는 듯한 사이렌이 교회 안에 울렸다. 비상 화재 경보 버튼이었다. 예배를 드리던 어른들이 놀라 밖으로 뛰쳐나오기 시작했다. 그날 평생 맞을 꿀밤을 하루에 맞았다.

이렇게 말썽꾸러기요, 문제를 일으키던 필자가 교회 안에서 잘 성장할 수 있었던 까닭은 주일학교 선생님들의 기도와 사랑 덕분이라고 생각한다. 지금도 생각나는 많은 교회학교 선생님이 계신다. 교회에 가면 늘 따뜻하게 맞아 주시고, 개구쟁이들도 인내와 사랑으로 품으셨던 그분들 덕분에 어릴 때부터 교회 가는 일이 즐겁고 예배드림이 기쁜 일이라는 것을 깨달았다.

교사의 역할이 이처럼 중요하다. 교사 때문에 한 영혼이 구원받는 역사가 일어난다. 교사가 지도한 그 아이가 앞으로 어떻게 하나님의 사람으로 성장할지 아무도 모른다. 그렇다면 이처럼 중요한 역할을 감당하는 교회학교의 교사들을 어떻게 교육해야 할 것인가?

교사의 역할, 왜 중요한가?

교회학교에 교사가 없다면 어떻게 될지 한번 생각해 보라. 상상이나 되는가? 살다 보면 황당한 일을 종종 겪는다. 몇 년 동안 저축한 적금으로 그토록 고대하던 해외여행을 가려고 다 준비하고, 여행 당일 아침 일찍 공항에 갔는데 하필이면 집에서 여권을 가지고 오지 않았다면 어떨까? 몇몇 기업에 입사 지원서를 넣었는데, 서류가 엇갈려 각기 다른 회사로 배달이 되었다면 어떨까? 분명 군에서 전역을 했는데, 행정상의 오류로 입영 통지서가 다시 날아온다면 어떨까? 생각만 해도 아찔하다.

교회학교도 이와 마찬가지다. 아이가 교회학교에 갔는데, 선생님이 한 분도 계시지 않는다면 어떨까? 아이를 반겨 줄 사람도, 무언가를 가르쳐 줄 분도 없다면 어떻게 될까? 그런데 이러한 일이 점차 생겨날지 모른다. 통계에 따르면, 교회학교가 없는 교회가 증가하는 추세다.[2] 그나마 남은 교사들도 고령화되고, 점점 교사로 헌신할 사람이 없다는 현장의 목소리가 들린다.

교사는 하나님의 동역자다. 하나님은 누구의 도움 없이도 구원 사역을 성취하실 수 있으나, 사람을 택하셔서 동역자로 사용하신다. 그러므로 교사는 영광스러운 직분이다. 교사의 말 한마디가 죽어 가는 영혼을 살리고, 넘어진 자를 일으켜 세우고, 잘못된 신앙관을 교정한다.

주일학교를 섬기는 교사의 역할이 남이 알아주지 않는 것 같고, 이 섬김이 교회에 가시적인 도움이 될까 생각하겠지만, 절대 그렇지 않다. 주일학교 교사를 통해 한 시대를 살리는 인물들이 세워진다. 교회는 그와 같은 교사의 사역을 통해서 지금껏 힘을 얻어 왔다.

신약성경에 나오는 바나바를 보라. 위대한 전도자 사도 바울 뒤에는 바나바라는 사람이 있었다. 사도행전 11장 24절은 이렇게 기록한다.

"바나바는 착한 사람이요 성령과 믿음이 충만한 사람이라 이에 큰 무리가 주께 더하여지더라."

바나바는 성품이 착할 뿐만 아니라, 성령과 믿음이 충만한, 그야말로 신앙의 지도자로 적격이었던 사람이다. 그런 바나바의 영향으로 예수님을 믿는 사람들이 생기기 시작했는데, 그들을 가리켜 '큰 무리'라고 할 정도였다.

바나바는 이미 유능한 부흥사요, 존경받는 지도자였다. 그런데 바나바의 가치는 그가 착한 사람이라는 데 있지 않다. 성령과 믿음이 충만해서 많은 사람을 전도하고 구원했다는 데 있는 것도 아니다.

바나바의 가치는 바울을 찾아갔다는 데 있다. 바울이라는 인물을 발굴해 사도로 우뚝 세워 놓았다는 점이다. 그가 몇 명을 전도했느냐보다 훨씬 더 중요하고도 귀한 일은 바울 한 사람을 찾아 다소에 가서 만나고 그를 안디옥에 데려온 일이다. 그 걸음이 전 세계에 복음을 전하는 기초가 되어 필자와 이 글을 읽는 독자들에게까지 복음의 소식이 전해졌으며, 바울이 쓴 하나님의 말씀을 오늘 우리가 듣고 믿게 된 것이다.

초대교회의 유명한 교부 중 한 사람인 성 아우구스티누스도 마찬가지다. 아우구스티누스의 성장 과정과 기독교로의 회심 과정은 익히 알려진 바다. 그의 회심과 신앙 성장은 어머니 모니카(Monica)의 기도 외에도 많은 사람의 협력으로 가능했다. 알려진 대로 로마의 밀란 지방의 감독이었던 성 암브로시우스(Ambrose)의 따뜻한 환대가 그의 마음속에 신뢰감과 라포를 형성했고, 암브로시우스의 설교를 통해 그가 어린 시절부터 배워 온 신플라톤 사상과 마니교와 같은 이교적 생각들을 교정해 나갔다.

이 과정 속에서 많은 질문이 마음속에 생겨났는데, 그것은 신앙의 선배이자 동료 신자였던 심플리키아누스(Simplician)의 친절한 설명에 의해 해소되었다.[3]

아우구스티누스는 좋은 교사의 가르침 아래서 기독교 신앙의 정수를 이해할 수 있었고, 4세기 이후 기독교 신학의 정립에 큰 역할을 했다. 초대교회부터 21세기까지 기독교 사상사에 가장 큰 영향을 미친 신학자가 바로 아우구스티누스임을 부인할 사람은 한 명도 없을 것이다. 교사의 직분이 아무것도 아닌 것 같지만, 지금 내가 섬기는 아이들, 혹은 청소년이 앞으로 어떻게 성장할지는 누구도 예측할 수 없다.

그런데 최근 교회학교 교사로 지원하는 수가 현저히 줄었다. 찬양대의 경우, 매년 지원자가 넘친다. 그도 그럴 것이 찬양대에 서면 출석 체크가 저절로 된다. 사람들의 주목을 받을 수도 있다. 그러나 교사는 이름 없이, 빛도 없이 섬겨야 한다. 더구나 요즘 아이들은 말도 잘 듣지 않는다. 이런 우스갯소리가 있지 않은가? "왜 북한이 남한으로 침공하지 않는가?" 답은 "중2 때문"이라고 한다. 우스우면서도 슬픈 이야기다.

여름이 되면 더위 속에서, 겨울이 되면 추위 속에서 교사는 아이들을 찾으러 집집마다 다녀야 한다. 그렇게 열심히 봉사하건만, 때때로 불신 부모의 의심스런 눈초리를 견뎌야 하고, 인정해 주는 따뜻한 말 한마디 들리지 않는 것 같은 슬픈 생각이 들기도 한다. 이윽고 11월이 되어 교역자들이 친절하게 말을 걸며 다가오면 '또 교사를 시키려고 그러시는 게 아닐까?' 하며 두려움에 빠지기도 한다.

"그런즉 그들이 믿지 아니하는 이를 어찌 부르리요 듣지도 못한 이를 어찌 믿으리요 전파하는 자가 없이 어찌 들으리요 보내심을 받지 아니하였으면 어찌 전파하리요 기록된 바 아름답도다 좋은 소식을 전하는 자들의 발이여 함과 같으니라"(롬 10:14-15).

진정 하나님을 사랑한다면 하나님의 큰일에 동참해야 하지 않겠는가? 작은 손길이 모여 하나님의 역사를 성취하리라 확신한다.

Why?
왜 지속적으로 교육해야 하는가?

20년 전, 부산 모 교회에 부임해 초등부 담당 전도사로 섬겼다. 당시 교사 가운데서 20년 이상 근속하며 충성스럽게 반 목회를 감당하시는 분들이 몇 분 계셨다. 존경스럽기도 하고 감사한 마음이 들어 "이렇게 오랜 세월 교사로 섬기시니 정말 대단하십니다!"라고 칭찬해 드렸다. 그런데 이런 말씀을 하시는 것이 아닌가? "아니에요, 전도사님. 교사로서 아는 것 하나 없고 부끄러워요." 그 이야기에 또 감동을 받았다. '아니, 겸손하기까지 하시네!'

그런데 몇 개월 후 부서를 함께 섬기면서 그 의미를 깨달았다. 오랜 세월 교사로 시간과 마음을 들여 헌신해 오셨지만, 제대로 된 교육을 받은 경험은 전무했다. 연령별 발달 단계의 특징, 대화하는 법, 공과 지도법 등을 한 번도 배운 적이 없다고 하셨다. 타 부서와 경쟁적으로 아이들을 데리고 오는 일에는 일가견이 있지만, 그 영혼들을 그리스도의 제자로 만들어 가는 일을 배우신 적은 없었다. 교사는 담당 교역자를 통해 영적인 돌봄과 공급을 받아야 하는데, 오랜 세월 전도와 사역에 대한 결과물(output)을 내는 데만 열중한 나머지, 탈진 증세를 보이시는 분도 꽤 있었다. 매주 20명에 가까운 아이들을 데리고 오시는 권사님이 교사를 그만두고 싶다고 하셨을 때는 정말 가슴이 철렁했다.

교사가 번아웃(burn out) 증후군으로 사역을 그만두고 싶다고 표현하는 것은 분명 공동체에 구조적인 문제가 존재한다는 뜻이다. 여기에는 사람 사이의 관계 문제 또한 큰 작용을 한다는 것을 발견했다. 따라서 교사 교육은 파편적으로 시행할 것이 아니라 전체 커리큘럼과 교육 계획 속에 포함해야 함을 기억하라. 그러면 교사를 어떻게 교육할 것인가?

How?
어떻게 교사를 교육할 것인가?

최근 교사 교육에 대한 관심 증대에 발맞추어 이를 위한 다양한 책이 출간되었다. 생각해 보면 이전에도 교사 교육에 대한 커리큘럼이 없었던 것은 아니다. 교단별로 교사 교육 과정이 존재했다. 각 교단 총회에서는 교단의 교육을 책임지는 총회교육원이 있고, 공과를 편찬할 뿐 아니라 교사대학 과정을 만들어서 이를 학기제로 운영한다. 물론 교단별로 세부 커리큘럼이나 내용 구성에는 차이를 보일 수 있지만 전체적인 구조와 골격은 비슷하다.[4]

그렇다면 교회에서는 어떻게 교사를 교육할 수 있을까? 갓 대학에 입학한 청년부터 은퇴를 앞두신 권사님까지 교사 연령대도 다양하고 그들의 학력, 신앙 성숙도, 교사 경력, 개인 역량 등이 천차만별이다. 늘 그만두고 싶은 마음을 품은 채 부서에 몸만 두신 분도 있고, 교역자를 능가하는 열정으로 가득한 분도 있다. 이토록 다양한 사람으로 구성된 교사들을 어떻게 하나로 묶으며, 각자의 역량을 키우도록 도울 수 있을까?

교회에는 교육위원회가 있다. 교육위원회는 이를 담당하는 교육 목사와 담당 당회원, 교육부서 부장 및 총무로 구성된다. 물론 규모가 작은 교회는 교육위원회가 존재하지 않고, 담임목사와 교육부서 담당자가 주도적으로 교육 정책을 세워 나가야 할 것이다.

교회는 교사 선발, 신입 교사 교육 및 재교육, 장기 근속 교사 포상 등에 대한 전반적인 청사진을 작성해 성도들에게 알릴 필요가 있다. 이를 위해 교회 홈페이지의 교육부서 카테고리에 교사 활동 내용을 소개하는 페이지를 운영하면 좋겠다. 교회 안에서 이루어지는 교육 정책을 잘 정리해 명문화해 두면 교역자의 변동 혹은 이동과 상관없이 지속적인 교육 시스템을 유지할 수 있다.

교단 차원에서는 교사대학을 운영하여 교사들이 자신의 역할을 알고, 역량을 개발할 수 있도록 지원해야 한다. 해마다 커리큘럼을 확인하고, 강의의 질이나 정보가 시대에 뒤처지지 않도록 늘 점검하고 보완하는 노력을 기울여야 함은 물론이다. 더불어 교사 교육을 위한 교재를 개발하고, 총회교육원 홈페이지 등에 새로운 자료와 정보를 업로드해 각 교회에서 교사 교육이 가능하도록 제도적 장치를 마련해야 한다. 최근 코로나 사태를 겪으면서 교단별로 온라인 교사대학과 교사 강습회를 진행하기도 한다. 앞으로 온라인 교육 플랫폼과 소프트웨어 개발에 최선을 다해야 할 것이다.

노회 또는 연회나 지방회(이하 '노회'로 표기)는 적어도 연 2회 교사 강습회를 기획하고, 개교회로는 섭외가 어려운 강사들을 초청하여 노회 산하 교회들의 교사 자질 향상에 최선을 다해야 한다. 노회 안에는 강사를 모시기 힘든 형편의 교회도 많다. 이 경우 노회의 교회가 힘을 보태는 손길도 필요하다.

개교회는 일차적으로 총회에서 제공하는 교사 교육 프로그램과 자료, 노회 행사의 중요성을 깨닫고 교사 참여를 독려해야 한다. 이를 위해 담임목회자와 해당 교역자들이 평소 교회교육에 대한 관심 아래 교사들을 격려할 필요가 있다. 교육부서의 성패에 있어서 중요한 출발점은 담임목사와 교역자들의 교육 철학과 마인드에 달렸음을 기억하라.[5]

교사의 전문성을
돕기 위한 아이디어

교사는 학생들을 지도할 때 여러 방면의 전문성을 겸비해야 한다. 교육부서 담당자는 이를 돕기 위해 다음의 사항을 준비해야 한다.

❶ 공과 진행의 사전 준비를 도우라

매주 교사들이 받는 스트레스 중 하나가 바로 '공과를 어떻게 가르칠까?' 하는 것이다. 담당 교역자의 설교와 공과 본문 진행이 동일하다면 그 부담이 덜하겠지만, 그렇지 않을 경우에는 자신이 준비해서 가르쳐야 한다. 교재에 따라서는 본문에 따른 2부 활동까지 제공되기도 하지만, 그렇지 않은 경우도 많다. 학생들의 발달 단계와 신앙의 성숙도에 따라서 이해 수준 또한 천차만별이다.

그러므로 담당 교역자는 교사들이 공과에 대한 부담을 최소화할 수 있도록 다양한 방법을 강구해야 한다. 공과 해설을 따로 만들어서 제공할 수도 있을 것이다. 최근 총회교육원에서는 공과 해설 동영상을 제작해 제공하기도 한다. 공과 시간에 잠시나마 본문 말씀을 통해 받은 은혜를 나누는 시간도 필요하다.

여력이 된다면 교사들이 공과를 활용해서 협동 학습을 하거나 시범 수업을 시도할 수도 있다. 요즘같이 코로나19로 모이기가 어려울 때는 교역자와 교사들이 줌(ZOOM)으로 만나 공부할 수 있다. 교역자가 유튜브를 활용해 자료들을 미리 올려 두고, 교사들이 시간이 날 때마다 학습하는 방법도 있다. 교역자들은 공과 시간이 공부로만 그치는 것이 아니라 다양한 활동이 함께하도록 자료들을 수집하여 제공할 필요가 있다.

❷ 교사를 위한 강좌를 열라

교회별로 단기 교사대학을 개최할 수 있다. 교회가 다양한 강좌를 제공하기 위해서는 나름대로의 커리큘럼을 구성해야 할 것이다. 예를 들면, 상담 기법, 발달 심리, 교리 공부, 찬양 및 율동, 교사와 영성, 부모 교육, 미디어 사용 등에 대한 다채로운 강의를 준비할 수 있다. 교단 내외의 강사들을 초청하여 강의를 들을 수도 있다. 교육부서 안에 충분한 교역자와 인력이 있다면, 교회 안의 강사들을 활용하는 것도 한 가지 방법이다.

❸ 정기적인 교사 강습회를 개최하라

개교회에서도 교사 강습회를 정기적으로 개최할 수 있다. 필자는 다양한 교회의 초청으로 교사 강습회를 인도하곤 한다. 교육분과 안에도 훌륭한 강사가 많다. 교회에 여력이 있을 경우 교회별 교사 강습회를 실시하고, 한 교회가 감당하기 어려울 경우 노회 강습회를 활용하면 좋겠다. 아니면 주변 여러 교회가 힘을 합쳐 연합 모임을 기획하는 것도 효과적이다.

❹ 교사 부흥회로 영적인 재충전을 도우라

아무리 교사로서의 지식을 많이 지녔다 할지라도 영혼에 대한 열정이 없다면 소리 나는 구리나 울리는 꽹과리와 같다. 사역을 하다 보면 세상에서 공부를 많이 하지 않았거나 지식이 부족한 교사라 할지라도, 구령에 대한 열정이 가득하며 하나님 나라를 위한 충성심이 높은 교사들이 큰일을 많이 해내는 것을 목도할 때가 있다.

교사도 늘 은혜를 공급받아야 사역을 감당할 수 있다. 은혜 없이 결과의 출력만을 반복한다면, 영적 침체와 탈진을 경험하게 될 것이다.

교사뿐만 아니라 교역자도 마찬가지다. 늘 심령이 새로워지지 않고서는 하나님의 일을 감당할 수 없다. 그러므로 각 교회는 정기적으로 교사 부흥회를 열어 영적인 재충전을 경험하게 해야 한다.

❺ 온라인 사역 기반을 마련하라

포스트 코로나 시대를 대비하여 온라인 사역에 대해 교사들에게 가르쳐야 한다. 코로나 이전에도 교사가 학생들의 문화 패턴을 따라가지 못하는 경우가 빈번했다. 앞으로 코로나 사태와 같은 대규모 전염병은 언제든지 다시 찾아올 수 있다. 코로나 사태가 종식될 무렵이면 4차 산업 구조가 보다 깊이 자리 잡을 것이고, 공교육의 패턴이 변하면서 결국 교회교육의 방법도 변할 수밖에 없다. 교회는 온라인 매체를 활용하여 심방하는 방법과 온라인 반 모임 및 공과 진행법, 온라인과 오프라인을 효과적으로 연결해 학생들의 이탈을 방지하는 방안 등에 지혜를 모아야 한다.

교사의 공동체성을 돕기 위한 아이디어

교사 교육은 교사의 지적 능력과 가르치는 기술을 보완하는 데 그쳐서는 안 된다. 교사 교육을 효과적으로 진행하기 위해서는 교사가 부서 공동체 안에서 소속감을 느껴야 한다. 교사로 헌신하기에 매우 힘든 시대를 살아가고 있지만, 교사 간의 팀워크가 잘 짜여 있고 공동체성이 공고하다면, 교사들도 부서에 대한 소속감과 애정을 가지고 더욱 열심을 내는 경우가 많다. 교사 간에 분위기가 좋으면 부서의 일에 열심히 참여하게 되는 것이 기본 심리다. 부서의 분위기가 좋다면, 교사 대학, 노회 교사 강습회 등 많은 모임에 참여할 가능성이 훨씬 높아진다. 그렇기 때문에 교역자나 해당 부서의 부장, 총무 등 임원들은 다음과 같은 아이디어에 주목할 필요가 있다.

❶ 교사를 심방하라

학생만이 심방의 대상이 아니다. 교사도 한 영혼이기에 심방을 통해 영적인 돌봄을 받아야 한다. 섬기는 일에 회의를 가지거나 그만두고 싶을 때도 생긴다. 학업과 사회 생활, 경제 활동 등 힘든 세상살이 속에서 부서를 섬기고 있다. 그러므로 담당 교역자와 지도자들은 교사들을 정기적으로 만나 심방할 필요가 있다. 특별히 연초, 그리고 여름 사역을 전후로 교사들을 만나 보라. 경험상 그 시기에 교사들이 힘들어하는 경우가 많았다.

❷ 교사를 위한 이벤트를 마련하라

교사의 밤, 교사 위로회와 같은 행사를 정기적으로 가지라. 여유가 있는 교회들은 극장의 한 관을 빌려서 영화를 상영하거나, 식당에서 함께 식사를 하며 서로를 돌보는 이벤트를 종종 마련하기도 한다. 물론 교회의 형편에 맞게 기획해야 한다. 교육부서가 존재하고 교사가 있는 교회라면, 교사를 어떻게 위로하고 격려해야 할지 반드시 고민하라. 장기 근속 교사를 축하하고 포상하는 지혜도 필요하다. 교회의 광고 시간에 주일학교의 활동, 교사들이 헌신하는 모습을 영상으로 만들어서 상영하는 방법으로 격려할 수도 있다.

❸ 교사의 대소사를 놓치지 마라

특히나 한국 사회에서 가정의 대소사를 기념하고 축하하는 일은 인간관계에서 굉장히 중요하다. 교사의 생일은 물론 교사의 가정에 관심을 가지고 대하라. 전도사 시절, 부목사님과 함께 교사 중 한 분의 부친상에 조문을 다녀왔다. 사역하던 교회는 부산, 장지는 전라남도 지도라는 한 섬이었다. 저녁에 교회에서 퇴근한 후 새벽 2시에 선임 부목사님과 필자, 필자의 선배 전도사가 그곳으로 떠났다. 밤새 차를 운전해 이동한 후 다시 배를 타고 오전 8시경 섬에 도착해서 교사 집사님을 위로했다. 그 선생님은 그곳을 찾은 필자를 아직도 기억해 주시고 고마워하신다. 교사에 대한 작은 관심은 평생 잊히지 않는 기억으로 남아 서로 간의 협력을 강화할 것이다.

❹ 정기적인 교사 모임을 기획하라

교사들과 정기적 모임을 기획하는 것이 필요하다. 함께 기도하고 부서의 이야기를 나누라. 기도 제목을 나누고 함께 구하라. 이후에는 음식을 나누고 교제하며 대화하는 시간을 가지라. 교회의 교육부서는 다단계 판촉 모임이 아니며 보험 회사도 아니다. 반별 경쟁의 장도 아니고, 한 몸 그 자체다. 그러므로 서로가 서로의 형편을 알고 돕고 교제를 경험하는 장을 마련하는 일이 필수적이다.

교사들이 자신의 견해를 자유로이 나눌 수 있는 분위기를 조성하라. 교회는 한 사람이 회의를 주도하고 나머지는 경청해야만 하는 분위기가 아니다. 누구나 자발적으로 대화에 참여하며 사역 이야기를 하는 환경을 만드는 것이 중요하다.

하나님은 지금도 한 사람의 동역자를 찾고 계신다. 코로나 사태 이후 점점 교회가 위축되고 어려움을 겪지만, 아직도 교회마다 하나님이 남겨 두신 하나님의 교사들이 있다. 교사가 있으면, 아직 희망이 있다는 뜻이다. 저출산 시대로 아이들을 만나기가 어렵고, 사회에서는 교회에 대한 반감이 거세진다 하더라도, 복음에 대한 열정을 가지고 포기하지 않는 교사들이 있다면, 분명 하나님이 이 말세에도 예비하신 영혼들을 교회에 보내 주시리라 믿는다. 이 일에 귀한 쓰임을 받고 하나님의 크신 은혜를 경험하는 분이 바로 여러분이 되길 바란다.

교회학교 교사 교육, 어떻게 할 것인가?

◎ 초대교회의 유명한 교부 중 한 사람인 테르툴리아누스는 이런 질문을 던졌다. "신자는 태어나는가? 아니면 만들어지는가?" 여러분의 생각은 어떠한가?

◎ 하나님이 믿음을 선물로 주셔서 우리는 하나님을 믿고 고백한다. 그러므로 신자는 태어난다고 말할 수 있다. 그러나 동시에 신자는 만들어진다. 하나님은 목회자와 교사를 통해서 성도를 가르치신다. 그 결과 우리는 그리스도의 장성한 분량이 충만한 데 이르기까지 성장하게 된다.

◎ 그래서 교사의 역할은 무척 중요하다. 교사는 하나님이 부르신 '하나님의 동역자'다. 교사의 말 한마디가 죽어 가는 영혼을 살리고, 한 시대를 살리는 인물들을 세운다.

◎ 교사를 어떻게 교육할 수 있을까? 개교회와 노회, 교단 차원에서 어떤 노력을 해야 할까? 교사 교육을 위한 체계적인 커리큘럼이 필요하다.

◎ 필자가 제시한 교사의 전문성을 돕기 위한 아이디어들, 교사의 공동체성을 돕기 위한 아이디어들을 살펴보고 각자의 교회에 접목해 보라.

◎ 언택트 시대에도 교회학교 교사를 지속적으로 교육할 수 있는 방법에 대해 생각해 보라.

7장

경이와 창의가
함께하는 교회교육

　세상의 문화와 교육은 급속도로 발전하는데 왜 교회교육은 오랫동안 정체해 있는가? 어째서 교회교육은 이토록 따분하고 지겨운가? 독자들은 이와 같은 자조적 목소리를 종종 들었을 것이다.

　사실 이러한 이야기가 어제오늘 일은 아니다. 1957년 미국의 유명 저널인 「라이프」는 주일학교에 대한 기사를 보도하면서 기사 제목을 "주중에 가장 쓸모없는 시간"으로 달았다.[1] 이미 오래전부터 주일학교 시스템과 교회의 교육 프로그램에 대한 아쉬움은 지속적으로 제기되었다.

　2016년 출시해 전 세계 아이들의 마음을 잡았던 '포켓몬 고'(Pokémon Go)라는 게임은 휴대폰이나 태블릿 PC에서 가상현실과 증강현실 기술을 활용하여 포켓몬 캐릭터를 발견하고 포획하는 게임이다.[2]

이 게임의 인기는 사회적 파장을 일으켰고, 희귀한 아이템이 등장하는 곳에서는 교통 정체가 일어나 안전 문제를 야기하기도 했다. 이후 가상현실과 증강현실 기술에 대한 관심이 높아졌다.[3]

이런 과학 기술의 발전을 관찰해 보면, 앞으로 우리 아이들의 놀이 문화뿐 아니라 학습 방법, 더 나아가 교육 생태계에 지각 변동을 일으키리라고 예측할 수 있다.

코로나 사태로 인해 제일 급격한 변화를 겪은 분야는 교육일 것이다. 감염 위험을 피하기 위해 학교에서의 대면 수업을 극소화하고 집에서 온라인 수업을 해야 했다. 코로나 사태로 인해 4차 산업혁명이 급속도로 자리 잡고 있으며, 결국 기존의 지식 중심의 학습 방법에서 창의성을 강조하는 교육으로 바뀌게 될 것이라고 많은 학자는 주장한다.[4]

지금까지 산업 현장에서 필요했던 노동력이 인공지능과 자동화 시스템으로 대체된다는 것은 기존에 강세를 보이던 직업군들이 쇠퇴하며, 이는 결국 가르치는 방법과 학습의 방법 또한 바뀔 것을 의미한다.

만약 사회, 문화와 교육 제도가 급격히 변한다면, 교회교육의 영역도 변하지 않을 수 없다. 일반 교육 생태계의 변화는 교회교육의 변화를 초래하고 촉진할 것이다. 교회학교는 기존의 틀을 깨기 위해 처절하게 몸부림쳐야 할 것이다. 그렇다면 우리는 어떻게 해야 하는 것인가? 지식 전달 중심의 교육에서 아이들의 창의성(creativity)을 존중하고, 신앙생활 속에서 '경이'(awe)를 배양하는 교육 패턴으로 바꾸어야 한다.

학습자의 '경이'에 대한 감각을 존중하라

어린아이에게는 세상 모든 일이 신기하다. 지금도 필자의 기억에 선명한 순간이 있다. 차를 타고 가던 밤, 하늘의 달을 바라보면 꼭 달이 나를 따라오는 것 같았다. 다섯 살 때, 어머니와 같이 길을 걷던 중 출산이 임박함을 나에게 알리셔서 옆집 아주머니에게 뛰어갔고, 이후 택시를 타고 부산의 침례병원에서 동생을 맞이한 기억이 생생하다. 일곱 살 무렵, 동네 친구의 두 발 자전거를 처음 타 보았을 때의 놀라움, 돋보기로 종이를 처음 태워 보았을 때 느꼈던 경이, 학교 수업 시간에 개구리를 해부해 보았던 일 등 어린 시절은 지루할 틈이 없었고, 세상은 경이로운 일들로 가득 차 있었다.

교회생활도 마찬가지였다. 모태 신앙으로 태어나 자라면서 교회 안에는 너무나도 신기한 것이 많았다. 크리스마스 전야 축제를 위해 한 달 이상 공연을 준비하던 일, 크리스마스 새벽송 대열에 참여하던 날, 여름성경학교, 교회의 캠프와 수련회, 전도지를 들고 집집마다 전도를 하러 다니던 일 등 이 모든 일을 하나하나 경험해 보고 배운 것은 매우 생산적이었고, 그 배움에 대한 욕구는 끝이 없었다.

그런데 중학교 시절부터 서서히 필자에게서 경이가 사라져 갔다. 주변에는 재미없고 따분한 일이 많아졌다. 모든 것이 다람쥐 쳇바퀴 돌듯 흘러가는 것 같았다. 중고등학교 시절은 그저 시간이 흘러갔으면

하고 보낸 세월이었다. 이는 한국 사회의 입시에 대한 중압감과 학업에 대한 과도한 스트레스와도 밀접한 관계가 있을 것이다. 신앙의 발달 단계상, 질풍노도의 시기를 겪는 청소년기의 특성과도 연관된다.[5]

교육학적 관점에서 생각해 보면, 어린 시절의 호기심 어린 질문들과 경이에 대한 감각이 성장 과정에서 무시당할 때가 많았다. 또한 지식 전달식 교육 풍토에서는 질문하기를 귀찮아하거나 두려워하는 경향이 있기 때문이기도 했다. 즉, 어린 시절 가졌던 배움에 대한 적극성은 자라면서 수동적으로 바뀐다. 구태의연한 가르침으로 가득한 교육 방식은 학습자에게 다가가지 못하고, 아무리 좋은 내용이라도 피교육자의 마음까지 전달되지 못한다.

우리의 교회교육에 대해 한번 생각해 보자. 우리 학생, 혹은 자녀는 예배 속에서, 혹은 교회교육을 받으며 경이를 느끼고 표현하는가? 그들은 여러분에게 다양한 질문을 하는가? 성경과 교리의 내용뿐 아니라, 생활 가운데 그들의 마음속에 생기는 여러 의문들을 여러분과 대화를 통해 나누고 있는가?[6]

오래전 한 만화가 생각난다. 20년 전 히트를 친 『광수생각』이라는 만화 중 한 컷이 의미심장하다. 어느 목사와 한 택시 기사가 죽어서 심판대 앞에 선다. 먼저, 택시 기사가 판결을 받는다. "자넨 천당으로…." 그 이야기를 들은 목사는 '그럼 나는 당연히 천국이겠구나!' 하고 안도한다. 그런데 무슨 일인가. 목사에게 지옥으로 가야 한다는 판결이 난다. 목사가 "아니, 택시 기사도 천국에 갔는데 저는 왜 지옥이지요?"

하자, 돌아온 답은 이러하다. "자네가 설교할 때는 모든 성도를 재웠는데, 저 총알택시 기사가 운전할 때는 모두가 기도하고 있었기 때문이다!"[7] 만화 이야기의 인용일 뿐이니 부디 신학적인 문제로 시비를 삼는 독자는 없길 바란다.

교회교육은 일차적으로 진리의 내용, 즉 콘텐츠(contents)가 중요하다. 그러나 그것을 어떻게 다양한 방식으로 재미있고 적절하게 전달할 것인가는 교역자와 교사, 부모에게 주어진 숙제다. 우리는 피교육자의 질문과 요구를 존중하고 그들과 원활한 소통이 가능하도록 다양한 교수법을 준비해야 한다. 수준이 낮거나 때로는 초점에서 벗어난 질문을 한다 할지라도 넓은 마음으로 경청해야 하고, 그것을 통해서 대화의 장을 열어 나가는 대화의 기술을 익혀야 한다.

매주 예배에 참여하지만 예배 속에서 놀라움과 경이, 은혜를 발견할 수 없다면, 그것만큼 슬픈 일이 어디에 있겠는가. 한 지인으로부터 "우리 교회 아이들은 천년설에 대한 글을 읽고, 그에 대해 토론할 수 있어요!"라고 자랑하는 이야기를 들었다. 물론 대단한 학생들이고, 그들 중에서 제2의 아우구스티누스, 헤르만 바빙크(Herman Bavinck)와 같은 학자들이 배출되길 바란다. 그런데 한번 생각해 보라. 그러한 인물이 전체 성도 가운데 몇 퍼센트나 나올 수 있겠는가? 오늘 회중석에 앉아 있는 성도들은 한 주간 어떤 삶을 살았으며, 과연 어떤 마음으로 교회에 나왔을까?

교회학교는 소수의 신앙 엘리트를 키우는 곳이 아님을 기억할 필요가 있다. 예수님 곁에서 함께 생활했던 사람들이 어떤 인물들이었는가를 떠올려 보라. 예수님은 우리에게 '고지론'을 설파하지 않으셨다. 엘리트 중심의 사역도 하지 않으셨다. 제자들을 대단한 월드 클래스 학자들로 만들려 하지 않으셨다. 예수님은 누구든지 나오라고 하셨고, 다양한 교육 패턴과 교수법으로 선명하게 설명해 주셨다.[8] 예수님이 말씀을 풀어 주실 때 사람들은 듣고 경탄하며 반응했다.

교회학교는 지식 전달에 초점을 맞춘 입시학원 같은 곳이 아니다. 교회 안의 학생이 성경에 대해 얼마나 많이 아는가를 잣대로 평가해서도 곤란하다. 바른 지식은 기본이다. 그러나 바른 지식을 다채로운 방법으로 가르쳐서 학생들의 마음에 신앙의 불이 꺼지지 않고, 영적인 성숙에 대한 관심으로 이어지도록 조력해야 한다.

16세기의 종교개혁가 마르틴 루터는 당시 찬송의 개혁을 주장하면서 이렇게 말했다. "우리는 지루함을 초래해 신자의 영의 불을 꺼서는 안 된다."[9]

찬송을 부르면 마음이 뜨거워지기 마련이다. '곡조 있는 기도'인 찬송을 부르면서 우리는 은혜를 입고, 더욱더 사모하는 자리로 나아가고자 한다. 그러하기에 예배 가운데 찬송은 말씀의 전후 순서에 배치되어 중요한 역할을 감당해 왔다. 그런데 편협한 신학적인 잣대로 '이것 외에는 잘못'이라는 식으로 접근하는 태도는 결국 신앙의 열정을 쇠퇴하게 한다.

여러분의 교회는 어떤 방식의 교회교육을 실천하고 있는가? 아이들의 마음속에 예배에 대한 열망, 배움에 대한 열정, 하나님께 다가가고자 하는 마음이 자라는 교육을 하고 있는가? 아니면 여러분이 옳다고 생각하는 시스템, 신학의 특정한 내용만을 새기려 하나 받아들여지지 않는 상태는 아닌가?

창의적인 교회교육

어떻게 하면 구태의연한 교육 방식에서 창의적인 교육으로 탈바꿈할 수 있을까? 4차 산업혁명은 교회에게도 큰 도전이자 동시에 기회다.

역사가 증언하지 않는가? 교회사적으로 볼 때 교회는 세상 속에서 도전과 응전의 역사를 반복해 왔다.[10] 어려움 속에서도 하나님은 피할 길을 내어 주셨고 사람들을 사용하셨다. 교회는 위기의 순간들을 지혜롭게 극복해 왔다. 4차 산업혁명의 물결을 피하기는 쉽지 않을 것이다. 2세기의 유명한 신학자였던 테르툴리아누스가 "예루살렘과 아덴이 무슨 상관이 있느냐?"라고 말했듯 시대의 변화를 무시한다면, 교회는 전도와 선교의 동력을 잃고, 출석하는 성도조차 지키기 어려운 수세에 몰리게 될 것이다.

창의적인 교회교육은 단순히 신식 프로그램을 도입하는 수준에서 이루어지지 않는다. 예를 들어, 앞서 언급한 증강현실 게임 '포켓몬 고'를 다시 떠올려 보라. 현재 증강현실과 가상현실 기술은 하루가 다르게 발전하고 있다. 과학 장비의 도움으로 다양한 감각을 인공적으로 만들어 낼 수 있다. 가상현실 기술 또한 우리가 평소에 영화관이나 일상 장비를 통해 체험하는 것보다 훨씬 발전했다.

필자의 지인 중 한 사람은 주일학교 학생들을 위해, 성경적 세계관을 가진 다양한 게임을 제작해야 한다고 열변을 토하기도 했다. 예를 들면, 성경의 인물 가운데 몇몇 플레이어를 선정하고, "마귀들과 싸울지라"와 같은 찬송이 나오는 가운데, 증강현실을 활용해 적군을 물리치는 게임을 만들자는 아이디어다. 또는 성경의 여러 인물을 등장시켜 스토리를 만들고 능력 레벨을 부여하여 다양한 게임을 만든다면 성경 인물들과 성경 속 사건을 쉽게 익힐 수 있을 것이라고 했다. 좋은 아이디어이고 시도해 볼 만하다.

그러나 단순히 소프트웨어 개발만이 창의적인 교회교육은 아니다. 4차 산업혁명으로 인한 교육 혁명은 현재진행형이다. 향후 어떻게 진행될지 그 세부적 방향을 예측하거나 전체 그림을 그리는 교육학자는 아직 없다. 그러나 한 가지 확실한 점을 든다면, 지식 전달에 초점을 맞추던 교육에서 창의성 발휘를 목표로 하는 교육으로 이동하고 있다는 점이다.

과거에는 학교에 직접 입학을 해야만 얻을 수 있던 정보들이 이제는 인터넷 세상에서 공유가 가능해졌다. 미국의 하버드대학, 예일대학, 프린스턴대학 등 세계적인 탑 스쿨(top school) 강의를 한국에서도 들을 수 있다. 신학 분과도 이와 마찬가지로, 미국과 영국의 유수한 학자들의 강의를 인터넷 접속만 가능하다면 어디에서든 들을 수 있는 유비쿼터스 시대다. 지금도 하루에 수많은 정보가 넘쳐 난다. 마음만 먹으면 어떤 분야든 단시간에 정보의 습득이 가능하다. 인공지능의 발달과 정보 전달 기술의 발전은 앞으로 이러한 일을 가속화시킬 것이다.

교회교육은 일차적으로 성경에 기초한 바른 신앙 형성을 목적으로 삼는다. 그러나 이 신앙의 내용을 어떤 교육 환경 속에서, 어떠한 방식으로 전달할지에 대해 진중한 성찰이 요구되는 시점이다. 한 가지 방법만을 고집하지 않고 다양한 교육 플랫폼과 방법을 고루 사용할 수 있는 유연성을 갖추어야 한다. 무엇보다 학생들의 능동적 참여를 이끄는 교육 환경을 조성해야 할 것이다. 학습자가 자발적으로 입을 열고 대화에 동참하는 분위기를 만들어야 한다. 교사들은 대화를 통해 학생 스스로 생각하는 힘을 기르게 해야 하며, 더 나아가 피교육자들이 정보를 어떻게 수집하고, 조직화하며, 그것을 삶의 현장에 접목할지를 체계적으로 훈련하는 과정이 필요하다.

더불어 교회교육이 지성만을 훈련하는 데 그치지 않고, 음악과 예술 등을 접목한 총체적이고 통전적인 교육이 되도록 해야 한다. 현대인의 삶과 불가분의 관계에 있는 것이 바로 음악을 비롯한 문화 예술이다. 사람은 지성을 활용하여 학습하지만, 세상을 관조하며 세상 속에 담긴 아름다움을 보면서도 다양한 지식을 습득한다. 이것을 학문적 용어로 표현하자면 '미학적 인식 가능성'이라 할 수 있다. 하나님이 이 땅에

허락하신 예술을 보고 실제로 접촉하며 또 다른 차원의 인식과 학습을 경험한다.[11]

그러므로 교회교육은 인간의 지성과 감성, 그리고 의지를 통전적으로 고려하며 훈련할 수 있는 종합적인 장이어야 한다. 이와 같은 교회교육을 위해서는 신학자, 교회교육학자들뿐 아니라, 교회 안의 음악가와 다양한 분과의 예술가 등이 교단의 교육분과 안에서 협업하며 발전시켜 나가야 할 것이다.

아무리 인공지능이 발달한다 할지라도, 인간의 종교성을 인공적으로 구현해 낼 수 있을까? 좋은 메시지를 전달하거나 기쁨을 표현하고 눈물을 흘리는 등 감정을 지닌 지능이 탑재된 로봇을 만들 수는 있겠지만, 진정한 회개의 눈물을 구현해 낼 수 있을까? 찬양하는 가운데 느끼는 충만한 마음의 열정, 기도하는 중에 우리의 마음이 하나님을 향하는 종교적 체험의 구현이 가능할까? 경건의 모습을 보이며 종교활동을 하는 인공지능을 만들 수는 있겠지만, 사람의 마음을 울리며, 무너진 자리에서 일어나게 하며, 전 세계를 마음에 품고 기도하게 만드는 일은 인공지능으로는 대체할 수 없는 교회만의 고유한 영역으로 남게 될 것이다.

교회교육이 지성과 영성, 예술적 요소가 함께하는 통전성을 추구할 때 세상의 그 어떤 교육 체계와 문화가 범접할 수 없는 독특함을 얻으리라 확신한다.

레트로(retro)와
뉴트로(newtro) 사이에서

문화를 살펴보면 참 흥미로운 요소가 많다. 첫째는 시간이 흐르면서 유행이 바뀐다는 것이고, 둘째는 사라져 간 유행이 다시 '복고'라는 이름으로 열풍을 일으킨다는 것이다.

장년층과 노년층만 선호하던 장르인 트로트가 젊은이 사이에서도 열풍이다. 텔레비전만 틀면 각종 트로트 경연대회에서 입상한 출연자들이 방송 프로그램을 점령하고 있다. 나이가 지긋한 세대는 과거의 향수를 추억하며 트로트를 좋아하고, 신세대는 과거 부모님 세대가 열광하던 음악이 무엇인지 관심을 가지다가 트로트에 매력을 느껴 열광하게 된 것이 아닐까 한다.

신학과 교회교육 분과도 이와 비슷하다. 기독교 사상사를 보면, 초대교회부터 지금까지 신학적 흐름이 있다. 그 흐름은 발전하기도 하고, 때로는 다시 반복하기도 한다. 해 아래 새것이 없다고 했듯이, 지금 우리가 찬사를 보내는 신학자, 교육자의 사상은 완전히 새로운 것이 아니다. 역사 속에서 어떤 특정한 거인의 어깨를 밟고 일어서서 일가(一家)를 이룬 것이다.[12]

예배도 마찬가지다. 필자는 세계적인 루터교 예배역사학자인 프랑크 센(Frank Senn)과 함께 초대교회부터 21세기까지의 예배 변천사를 공부한 경험이 있다. 역사를 통과하며 매우 다양한 예배의 전통이 존재했으며, 기독교 예배 예전은 교회 간의 상호 교류를 통해서 발전해 왔다. 특정한 예배 형식을 오랫동안 경험하던 중 변화의 필요성을 느낀 교회는 또 다른 형태의 예배를 도입하기도 했으나, 또 시간이 지나면 옛 전통에 대한 향수를 가지고 회귀하는 경향도 있음을 발견했다.[13]

예를 들면, 20세기에 일어난 오순절 운동과 1960년대 이후에 전 세계를 휩쓴 경배와 찬양 운동(praise and worship movement)은 범교단적으로 예배의 모습에 큰 영향을 미쳤다. 사람들은 기존 교단의 예배를 새롭게 하고자 노력했다. 그런데 1960년대 바티칸 공의회 이후 범교단적으로 예전 운동(liturgical movement)이 일어났다. 현대적 예배에 만족하지 못하며, 초대교회의 예배로 돌아가자고 하는 일종의 복고 운동이 일어난 것이다. 그 이후에는 고대 교회와 현대 교회의 장점의 접목을 추구하는 이머징 예배(emerging worship)가 등장하기도 했다.[14]

아마 눈치 빠른 독자들은 무슨 이야기를 하려는지 예상할 수 있을 것이다. 우리의 교육은 늘 새로움을 추구해야 하겠지만, 과거와의 연속성이 없는 교육, 본질을 추구하지 않는 교육은 모래 위에 지은 집처럼 쉽게 허물어진다. 신세대는 과거의 요소를 무턱대고 싫어하지 않는다. 그 의미와 필요성에 공감하고 나면, 오히려 신선하다고 느낀다.

2020년 여름, 히트를 친 프로젝트 그룹 '싹쓰리'의 인기를 한번 생각해 보라. 멤버인 유재석, 비, 이효리 씨는 지금 중고등학생의 부모 세대 때 활발히 활동하던 연예인들이다. 그들은 20년 전 유행하던 스타일의 노래로 주 고객층이 청소년인 음악 방송에서 많은 사랑을 받았다. 물론 방송국의 기획과 국내 연예계에서 이들의 변치 않는 위상이 있었기에 가능했을 테지만, 젊은 시절의 추억을 소환해 40-50대의 마음을 얻었고, 그 음악이 신선하다고 느낀 청소년들의 마음 또한 얻을 수 있었다.

교회교육에서도 유사한 측면이 있다. 이 시대의 교회교육이 어떠한 길을 내고 나아가야 할지에 대해 많은 목회자와 학부모, 성도의 염려가 깊다. 온라인 교육 시스템을 어떻게 세워야 하며 온라인 콘텐츠의 질을 어떻게 높일 것인지, 열악한 지역 교회의 형편에서 어떻게 대응할 수 있을지, 교단의 교육부에서는 어떤 획기적인 방안을 내놓을 수 있을지 고민할 것이다. 앞으로의 교육 현장에서 다양한 하이테크의 사용이 요구되기에, 디지털 시대의 온라인 교육 플랫폼과 다양한 콘텐츠를 구비해야 하며, 적절하게 이용할 수도 있어야 할 것이다.

그러나 우리의 교육적 전통은 여전히 유효하다. 하나님의 말씀은 세세무궁토록 살아서 역사한다. 우리가 가르쳐야 할 변함없는 텍스트(text)가 존재한다는 진리는 혼동 상황에 처한 우리에게 큰 위로다. 문제는 이 변함없는 텍스트를 지금 우리의 콘텍스트(context) 속에서 어떻게 전할 것인가 하는 것이다.

교회교육은 이 시대에 다가갈 수 있어야 한다. 이 진리가 참여자들에게 들을 만한 가치가 있고, 상호 간 소통의 가능성도 무궁히 열려 있음을 알게 해야 한다. 동시에 끊임없이 변화의 노력을 다해야 한다. 늘 기억해야 할 사항은 교회의 본질을 잊지 말아야 한다는 것이다. 교회의 교회 됨, 교육의 본질을 포기하지 않고 그것을 효과적으로 전할 때 기독교의 메시지는 21세기의 사람들에게도 여전히 매력적으로 전해질 수 있다.

각종 음모론과 염려가 그리스도인들의 마음을 옥죈다. '코로나 블루'라는 신조어가 생길 만큼 사람들은 우울감을 토로한다. 물론 우리의 눈에 보이지 않는 영적 전쟁은 늘 진행 중이다. 그러나 담대해야 한다. 말세의 때에 복음을 전하기는 더 어려울 것이고 핍박을 받는 상황이 닥칠 수도 있다. 그러나 주님이 오시기 전까지 교회는 지속되며, 우리는 우리의 교육적 사명을 다해야 한다. 지금 우리에게 필요한 것은 흔들리지 않고 우직하게 하나님만 따르겠다고 하는 결단이 아닐까?

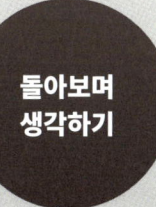

돌아보며 생각하기

경이와 창의가 함께하는 교회교육

◎ 교회학교는 기존의 틀을 깨기 위해 어떤 노력을 해야 할까? 지식 전달 중심의 교육에서 아이들의 창의성을 존중하고, 신앙생활 속에서 '경이'와 '창의'를 배양하는 교육 패턴으로 바꾸어야 한다.

◎ 학습자의 경이에 대한 감각을 존중해야 한다. 우리의 아이들은 교육을 받으며 경이를 느끼고 표현하는가? 여러분에게 다양한 질문을 하고 있는가? 성경을 읽으며 마음속에 생기는 여러 의문들을 여러분과 대화를 통해 나누고 있는가?

◎ 교회학교는 소수의 신앙 엘리트를 키우는 곳이 아니다. 예수님 곁에서 함께 생활했던 사람들이 어떤 인물들이었는가를 떠올려 보라. 예수님은 누구든지 나오라고 하셨고, 다양한 교육 패턴과 교수법으로 선명하게 설명해 주셨다. 예수님이 말씀을 풀어 주실 때 사람들은 듣고 경탄하며 반응했다.

◎ 바른 지식을 다채로운 방법으로 가르쳐서 학생들의 마음에 신앙의 불이 꺼지지 않고, 영적인 성숙에 대한 관심으로 이어지도록 노력해야 한다. 즉, 다양한 교육 플랫폼과 방법을 고루 사용할 수 있는 유연성이 필요하다.

◎ 교회교육은 지성만을 훈련하는 것이 아니라 음악과 예술 등을 접목한 총체적이고 통전적인 교육이 되도록 노력해야 한다.

◎ 우리의 교육은 새로움을 추구해야 하지만, 과거와의 연속성이 없는 교육, 본질을 추구하지 않는 교육은 모래 위에 지은 집처럼 쉽게 허물어진다. 끊임없이 변화의 노력을 다해야 하지만 교회의 본질을 잊지 말라.

에필로그

그래도
아직 희망은 있다

지금까지 이 책을 차근히 읽어 주신 독자들에게 감사의 말씀을 전한다. 필자의 견해에 동의하며 만족스러운 해답을 얻은 부분도, 동의하지 못하는 점도 있을 것이다.

대부분의 독자는 교회학교를 사랑하는 마음으로, 코로나 사태와 4차 산업혁명으로 인해 급변하는 교육 환경 속에서 어떻게 하면 교회학교가 살아남을 수 있을지 답답하고 절실한 마음으로 이 책을 읽었으리라 짐작한다. 그리고 마음속 깊은 곳에서 이런 질문을 할 것이다.

'아직 우리에게 희망이 남아 있는가? 교회적 위기와 환경의 어려움을 극복할 수 있는 기회가 교회학교에 아직 남아 있는가? 우리가 물려받은 이 귀한 신앙의 유산을 다음 세대에 전수할 수 있는가?'

필자는 귀국 후 수년간 예배학 강의, 교회교육 강의, 설교 등으로 전국에 있는 많은 교회의 초청을 받았다. 여러 교회를 탐방하는 시간이

기도 했다. 지역과 교단에 상관없이, 회중은 대부분 장년과 노년층이었다. 물론 청년들이 없는 것은 아니나 교회 전체의 인구 분포를 보면 확실히 40대 이하의 성도 수가 현격히 적었다. 설교단에 올라 마음을 다해 메시지를 전하지만 가끔씩 이런 생각을 한다.

'이 귀한 신앙 유산을 물려줄 다음 세대가 없다면, 나중에 하나님 앞에 섰을 때 얼마나 부끄럽고 송구스러울까?'

그러나 한국 교회는 힘을 잃지 않았다. 아직까지는 교회 건물도, 일할 수 있는 성도도 있다. 목적만 바르다면 투입할 예산도 있다. 60대 이상의 성도들이 지탱해 주는 현재는 그래도 버틸 힘이 있다. 하지만 시간이 흐르면 이 모두가 사라질 것이다. 중형 교회는 소형 교회로 쇠퇴하고, 소형 교회 중에는 사라질 교회도 생기리라는 조심스런 예측이다. 무슨 말인가? 영적 안목을 가지고 직시해 보면 지금 이때가 절체절명의 순간이다. 장기적 안목을 가지고, 바른 목적을 세우고, 투자하고 헌신하지 않으면, 신앙의 선배들에게 물려받은 현재의 많은 것이 사라져 버리고 말 것이다.

혹자는 한국 교회가 오히려 철저히 무너지고 다시 세워져야 한다고 말하기도 한다. 성장지향적이던 과거를 회개하고 깨끗하게 재건해야 한다고 말하기도 한다. 일면 맞는 말이다. 그러나 이와 같은 발언은 무책임하고, 세심하지 못하다. 무너뜨리기는 쉽지만 다시 세우기는 처음보다 더 어렵다. 우리는 죄인이고 완벽하지 못하기에 종종 여러 잘못을 범하기도 한다. 때때로 일어나는 교회의 실수와 잘못 앞에 안타까워하는 심정 대신, 오히려 통쾌해하며 '그것 봐라, 내가 늘 경고하곤 했지!'라는 식의 심판자적인 태도의 글을 소셜미디어에 게시하는 목회자와 성도를 보면 마음속에서 피눈물이 흐른다.

아직까지 우리에게는 희망이 있다. 그 씨앗은 교회교육으로부터 발아한다. 시대는 바뀌어도 말씀의 가치는 영원하듯, 본질에 충실한 교육으로 성도들을 정성껏 양육한다면 교회마다 귀한 성도와 믿음의 용사들이 계속해서 배출되리라 믿는다. 교회가 당면한 문제가 많지만, 조금만 넓게, 또 길게 바라봐 주면 좋겠다.

교회교육에 투자하면 과연 언제 그 열매를 거둘 수 있을까 생각하는 분도 꽤 많다. 그러나 교회교육의 열매는 꼭 오랜 시간이 흘러야만 맺을 수 있는 것은 아니다. 교회학교를 위한 관심과 투자로, 그 부모가 속한 장년부까지도 성장하는 경우를 많이 목도하지 않았는가? 성도는 태어나지만, 동시에 만들어지는 것이다. 교회는 교육에 대한 관심을 가지고, 교육적 사명을 온전히 감당해야 할 것이다.

지금도 교육 현장에서 교역자로, 학생들을 담당하는 교사로, 여러 가지 일들로 헌신하는 모든 성도에게 하나님의 크신 은혜와 평강이 흘러넘치길 간절히 소망한다.

아직까지 우리에게는 희망이 있다.
그 씨앗은 교회교육으로부터 발아한다.
시대는 바뀌어도 말씀의 가치는 영원하듯,
본질에 충실한 교육으로
성도들을 정성껏 양육한다면
교회마다 귀한 성도와 믿음의 용사들이
계속해서 배출되리라 믿는다.

부록

"포스트 코로나 시대 교회학교 트렌드"
설문 조사 통계 및 정리

1. 교회에서 어떤 직분을 맡고 있습니까?

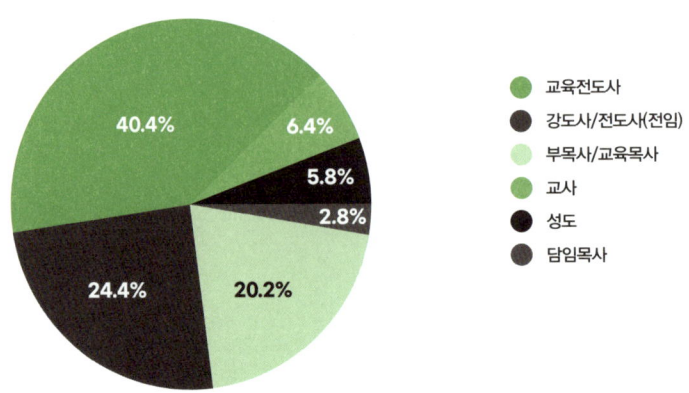

〈응답 500명〉

순위별	응답 수(명)	비율(%)	비고
교육전도사	202	40.4	
강도사/전도사(전임)	122	24.4	
부목사/교육목사	101	20.2	
교사	32	6.4	
성도	29	5.8	
담임목사	14	2.8	
총합	500	100	

1. 본 설문의 응답자는 대부분 현재 사역의 현장에 있는 신학대학원 교육전도사(전체 1위)와 전임사역자(강도사/전도사/부목사)들이다.
2. 담임목사 14명(2.8%)을 제외하고, 대부분 현장 사역자가 설문에 응했기에 교육부서의 생생한 목소리를 듣기에 충분하다.

2. 어떤 교육부서를 담당하고 있습니까?

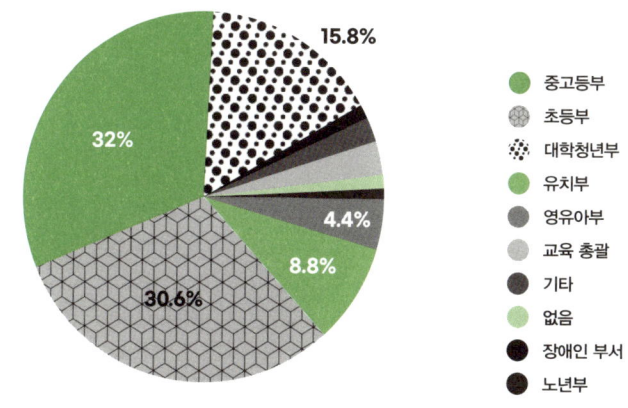

〈응답 500명〉

순위별	응답 수(명)	비율(%)	비고
중고등부	160	32	
초등부	153	30.6	
대학청년부	79	15.8	
유치부	44	8.8	
영유아부	22	4.4	
교육 총괄	15	3	
기타	12	2.4	영어 예배, 베트남 예배, 찬양팀, 새가족부
없음	5	1	
장애인 부서	5	1	
노년부	5	1	
총합	500	100	

1. 설문 응답 사역자는 고등학교 이하 주일학교를 담당하고 있다(78.8%/교육 총괄 포함).
2. 담당 부서가 두 곳 이상인 응답자의 경우도 있었다. 주일학교 기준으로 더욱 비중이 높은 부서, 또는 온라인 예배 경험이 있는 부서를 기준으로 설문지 작성을 부탁했다.
3. 세 곳 이상의 교육부서를 담당하는 사역자들은 교육 총괄로 분류하였다(전부 고신 교단).

3. 교육부서의 규모는 어떠합니까?

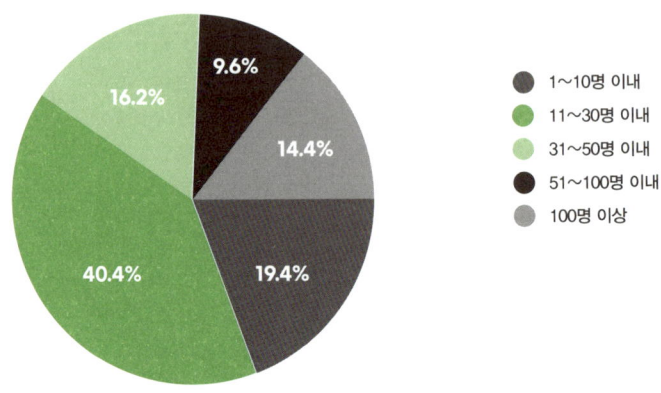

〈응답 500명〉

순위별	응답 수(명)	비율(%)	비고
11~30명 이내	202	40.4	
1~10명 이내	97	19.4	
31~50명 이내	81	16.2	
100명 이상	72	14.4	
51~100명 이내	48	9.6	
총합	500	100	

1. 30명 이내의 규모가 많았다(59.8%). 51명 이상의 학생들이 출석하는 부서도 24퍼센트 (120개)가량 되었다.

4. 코로나19로 인해 출석 인원에 어떤 변화가 있습니까?

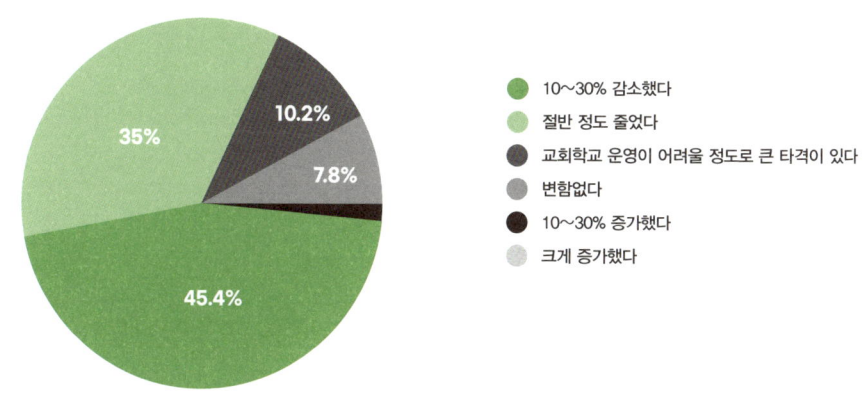

〈응답 500명〉

순위별	응답 수(명)	비율(%)	비고
10~30% 감소했다	227	45.4	
절반 정도 줄었다	175	35	
교회학교 운영이 어려울 정도로 큰 타격이 있다	51	10.2	
변함없다	39	7.8	
10~30% 증가했다	7	1.4	
크게 증가했다	1	0.2	
총합	500	100	

1. 코로나19로 대부분의 주일학교 출석 인원이 감소했다(90.6%). 그중 교회학교 운영이 어려울 정도로 힘든 교회는 10퍼센트 정도다.
2. '변함없다'라고 응답한 대부분의 경우 1-10명 이하의 소규모 교회였다.
3. 반대로 학생 숫자가 증가한 교회는 100명 이상 되는 큰 규모의 교회였다.
4. 출석 인원이 감소했다고 보고한 주일학교 아이들의 경우 과연 어떻게 예배를 드리는지 의문이다.

5. 현재 교회학교의 예배는 어떻게 드리고 있습니까?

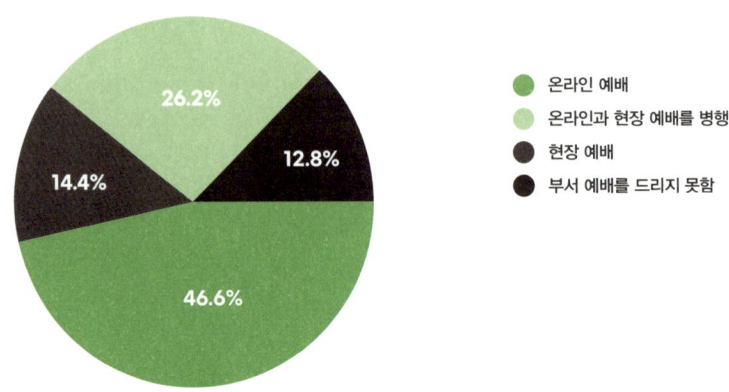

● 온라인 예배
● 온라인과 현장 예배를 병행
● 현장 예배
● 부서 예배를 드리지 못함

〈응답 500명〉

순위별	응답 수(명)	비율(%)	비고
온라인 예배	233	46.6	
온라인과 현장 예배를 병행	131	26.2	
현장 예배	72	14.4	
부서 예배를 드리지 못함	64	12.8	
총합	500	100	

1. 2020년 9월 마지막 주 기준으로 온라인 예배를 드리는 교회는 전체의 72.8퍼센트다.
2. 반면 교육부서 예배를 드리지 못하는 교회는 12.8퍼센트다. 코로나 상황이 많이 진행된 시기에 이루어진 조사이기 때문에 주일학교 운영이 얼마나 어려운지 알 수 있다.

6. 코로나 사태가 해결된 이후, 교회학교를 어떻게 운영할 계획입니까?

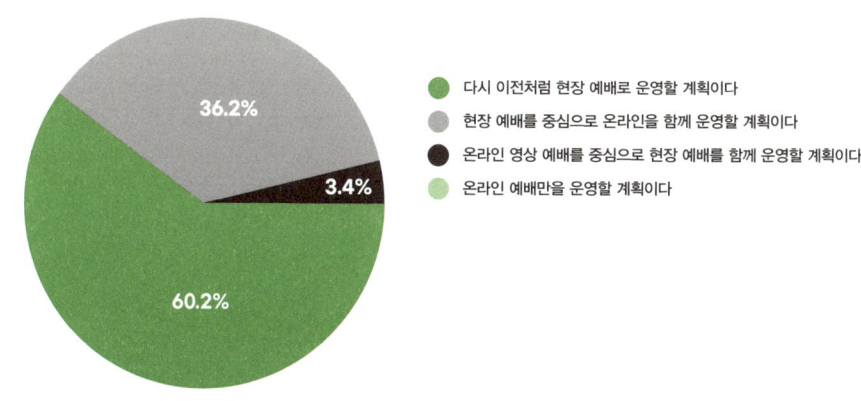

〈응답 500명〉

순위별	응답 수(명)	비율(%)	비고
다시 이전처럼 현장 예배로 운영할 계획이다	301	60.2	
현장 예배를 중심으로 온라인을 함께 운영할 계획이다	181	36.2	
온라인 영상 예배를 중심으로 현장 예배를 함께 운영할 계획이다	17	3.4	
온라인 예배만을 운영할 계획이다	1	0.2	
총합	500	100	

1. 대부분의 교회가 코로나19가 종식되면 다시 이전처럼 사역할 것이라고 답했다. 그러나 이미 구축해 둔 온라인 예배의 포맷을 버리지는 못할 것이다.
2. 아직까지 교회학교는 전통적인 현장 예배를 중요시하지만, 현장 예배와 온라인 예배를 함께 드리는 형식이 이어질 것으로 예상된다.

7. 온라인으로 예배드렸을 때 학생들의 반응이 어떠합니까?

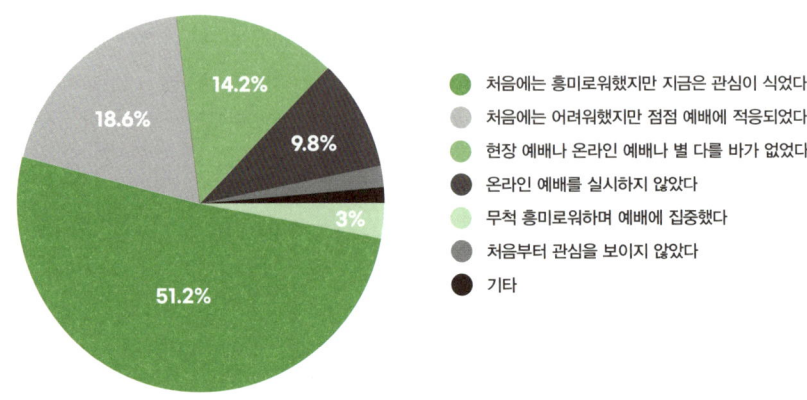

● 처음에는 흥미로워했지만 지금은 관심이 식었다
● 처음에는 어려워했지만 점점 예배에 적응되었다
● 현장 예배나 온라인 예배나 별 다를 바가 없었다
● 온라인 예배를 실시하지 않았다
● 무척 흥미로워하며 예배에 집중했다
● 처음부터 관심을 보이지 않았다
● 기타

〈응답 500명〉

순위별	응답 수(명)	비율(%)	비고
처음에는 흥미로워했지만 지금은 관심이 식었다	256	51.2	
처음에는 어려워했지만 점점 예배에 적응되었다	93	18.6	
현장 예배나 온라인 예배나 별 다를 바가 없었다	71	14.2	
온라인 예배를 실시하지 않았다	49	9.8	
무척 흥미로워하며 예배에 집중했다	15	3	
처음부터 관심을 보이지 않았다	9	1.8	
기타	7	1.4	
총합	500	100	

○ 본 문항을 통해 다음과 같은 상세 응답을 들을 수 있었다.
- 부모님이 교회에 다니는 아이들을 제외하고는 온라인 예배를 드리지 않는다.
- 조회 수를 기준으로 보면 출석 인원은 변함없지만, 아이들의 매너리즘이 걱정된다.
- 유치부는 온라인 예배에 집중하기 어렵다.
- 콘텐츠의 수준과 미션(암송, 활동 인증 영상/사진) 유무에 따라 반응이 다르다.
- 부모가 신앙이 있는 가정의 아이들은 꾸준히 잘 참여하나, 부모가 신앙이 없는 가정의 아이들은 온라인 예배 기간 동안 점점 교회로부터 멀어졌다.
- 온라인 예배의 경우, 부모가 어떻게 지도하느냐에 따라서 달라진다.

8. 온라인 교회학교의 장점은 무엇입니까? (2개 선택 가능)

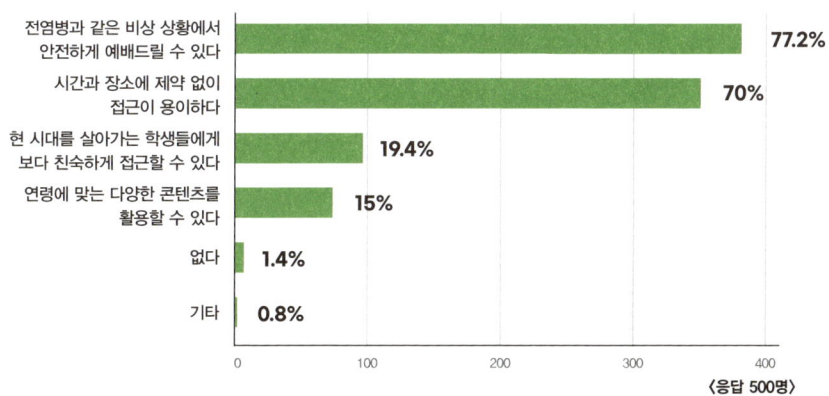

순위별	응답 수(명)	비율(%)	비고
전염병과 같은 비상 상황에서 안전하게 예배드릴 수 있다	386	77.2	
시간과 장소에 제약 없이 접근이 용이하다	350	70	
현 시대를 살아가는 학생들에게 보다 친숙하게 접근할 수 있다	97	19.4	
연령에 맞는 다양한 콘텐츠를 활용할 수 있다	75	15	
없다	7	1.4	
기타	4	0.8	

○ 다음과 같은 기타 응답도 있다.
- 현장 예배보다 더 정리된 메시지를 전할 수 있었다.
- 현장 예배와는 또 다른 연대 의식을 경험했다. 한 공간 안에서 가까이에 앉아야만 함께 하는 것이 아님을 알게 되었다.
- 그동안의 폐습을 두고 진지하게 고민할 기회가 주어졌다.
- 예배에 온라인을 접목하게 될 만큼 바이러스가 사람들의 인식을 변화시키는 계기가 되기도 했다.
- 아무리 전염병 사태라 하더라도 온라인 예배를 고수해야 하는지에 대해 사역자로서 의문을 지울 수가 없다. 예배가 온라인 중심이 된다면 향후 아이들에게는 예배도 하나의 콘텐츠일 수 있다는 우려가 된다.

9. 온라인 교회학교의 단점은 무엇입니까? (2개 선택 가능)

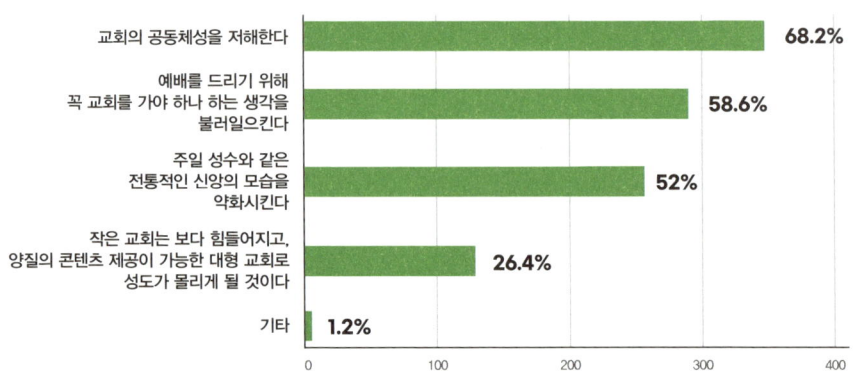

〈응답 500명〉

순위별	응답 수(명)	비율(%)	비고
교회의 공동체성을 저해한다	341	68.2	
예배를 드리기 위해 꼭 교회를 가야 하나 하는 생각을 불러일으킨다	293	58.6	
주일 성수와 같은 전통적인 신앙의 모습을 약화시킨다	260	52	
작은 교회는 보다 힘들어지고, 양질의 콘텐츠 제공이 가능한 대형 교회로 성도가 몰리게 될 것이다	132	26.4	
기타	6	1.2	

○ 다음과 같은 기타 응답도 있다.
- 아이들이 보지 않는다. 재미있는 유튜브에 상대가 되지 않는다. 한마디로 답이 없다.
- 예배뿐만 아니라 성례와 식사 교제 또한 중요한데 전인적인 활동이 불가능하다.
- 신앙 교육의 구체적인 티칭과 활동을 하지 못한다.
- 아이들과 온라인에서 화상으로 만나도 얼굴 보여 주는 것을 싫어한다. 실시간 채팅은 원활한 진행이 어렵다.
- 예배가 가벼운 느낌이 든다.
- 일주일 내내 온라인 수업을 듣다, 교회마저도 온라인 예배니 학생들이 피로감을 느낀다.
- 교단 내에 온라인 예배 및 활동에 대한 가이드나 정보가 너무 적다.

10. 코로나 사태 이후, 교회학교에 대한 부모님의 반응은 어떠한가요?

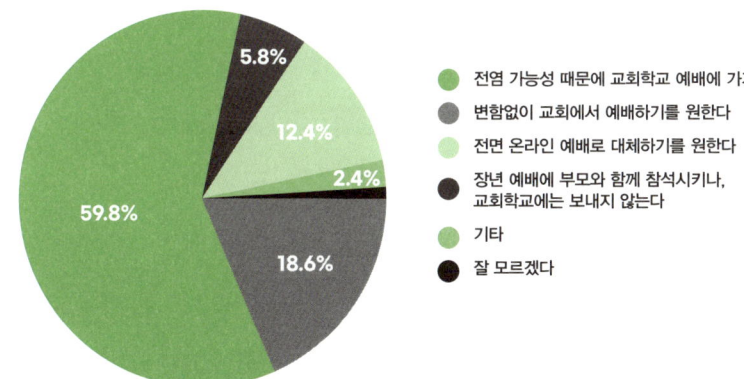

〈응답 500명〉

순위별	응답 수(명)	비율(%)	비고
전염 가능성 때문에 교회학교 예배에 가지 않기를 원한다	299	59.8	
변함없이 교회에서 예배하기를 원한다	93	18.6	
전면 온라인 예배로 대체하기를 원한다	62	12.4	
장년 예배에 부모와 함께 참석시키나, 교회학교에는 보내지 않는다	29	5.8	
기타	12	2.4	
잘 모르겠다	5	1	
총합	500	100	

○ 다음과 같은 기타 응답도 있다.
- 대부분의 학부모가 교회 지침에 따른다.
- 교회의 방향성보다는 부모의 소신대로 예배 형태를 선택한다.
- 교회와 신앙 교육에 대한 관심이 저하되었다.
- 이러한 시기에 더욱 부모 교육의 필요를 느낀다.
- 부모가 신앙이 있는 가정은 예배에 가기를 원하지만, 믿지 않는 가정은 교회에 가지 않기를 바란다.
- 온라인 예배 시간에 다른 일정을 잡아도 무관하다고 생각하는 것 같다.

11. 코로나 사태 이후, 교회학교의 변화에 대해 어떻게 예측하십니까? (2개 선택 가능)

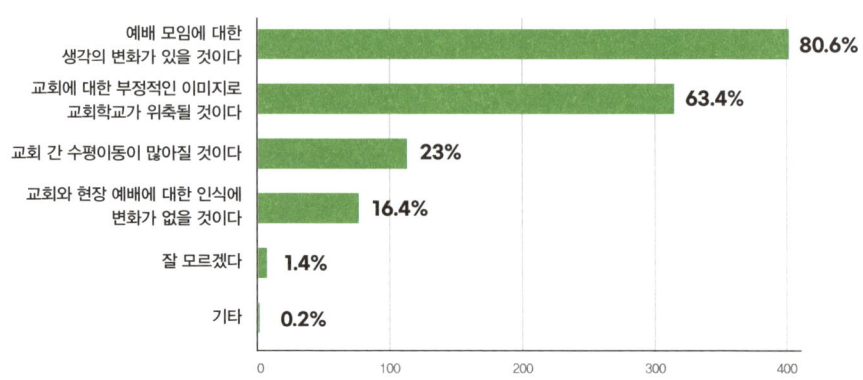

〈응답 500명〉

순위별	응답 수(명)	비율(%)	비고
예배 모임에 대한 생각의 변화가 있을 것이다	403	80.6	
교회에 대한 부정적인 이미지로 교회학교가 위축될 것이다	317	63.4	
교회 간 수평이동이 많아질 것이다	115	23	
교회와 현장 예배에 대한 인식에 변화가 없을 것이다	82	16.4	
잘 모르겠다	7	1.4	
기타	1	0.2	

○ 다음과 같은 기타 응답도 있다.
- 앞으로 교육 시스템을 잘 준비한 교회와 그렇지 못한 교회로 나뉘게 될 것이다.
- 가정 내 신앙 교육의 역할이 더 중요해졌다.
- 온라인 성경학교 같은 프로그램이 보다 잘 준비되어야 하겠다.
- 온라인 예배를 경험했기 때문에 앞으로도 온라인 예배의 요청이 많아질 것 같다.

12. 코로나 시대, 교역자로서 가장 큰 고민은 무엇입니까?

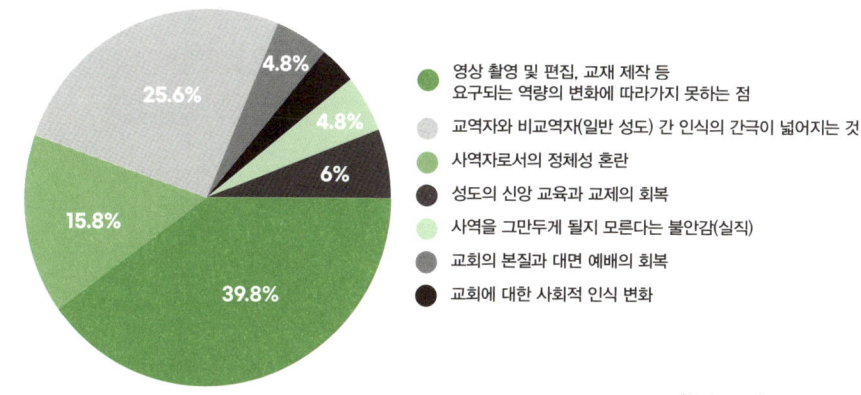

〈응답 500명〉

순위별	응답 수(명)	비율(%)	비고
영상 촬영 및 편집, 교재 제작 등 요구되는 역량의 변화에 따라가지 못하는 점	199	39.8	
교역자와 비교역자(일반 성도) 간 인식의 간극이 넓어지는 것	128	25.6	
사역자로서의 정체성 혼란	79	15.8	
성도의 신앙 교육과 교제의 회복	30	6	
사역을 그만두게 될지 모른다는 불안감(실직)	24	4.8	
교회의 본질과 대면 예배의 회복	24	4.8	
교회에 대한 사회적 인식 변화	16	3.2	
총합	500	100	

○ 다음과 같은 기타 응답도 있다.
- 학생들이 교회로부터 점점 멀어지고 있다. 다음 세대가 교회를 떠날까 염려된다. 어떻게 그들의 마음을 열어 다시 교회로 향하게 할 것인가?
- 교사들의 마음과 생각을 지킬 방법은? 교사와 부모님이 교회학교 예배를 소홀히 여긴다.
- 영상 예배의 편리함, 심방을 하지 못하는 환경에 익숙해지다 보니 사역의 매너리즘에 빠지게 된다. 사역자로서 이렇게 지내도 되는지 자괴감이 든다.
- 시대 변화를 따라가지 못하는 작은 교회들이 크게 위축될 것이라는 위기 의식을 느낀다.
- 온라인 예배와 현장 예배가 다르다는 것을 어떻게 드러내야 하는지 고민이 된다.
- 대면 자체가 죄악시되는 분위기 때문에 부서의 소속감과 공동체성을 추구하기 어렵다. 특히 청소년부서는 소속감이 매우 중요한데 온라인에서 이를 확보하기가 어려운 것이 현실이다.

13. 온라인 주일예배 외에 다양한 비대면 프로그램이 등장하고 있습니다. 어떤 것들이 효과적일까요? (2개 선택 가능)

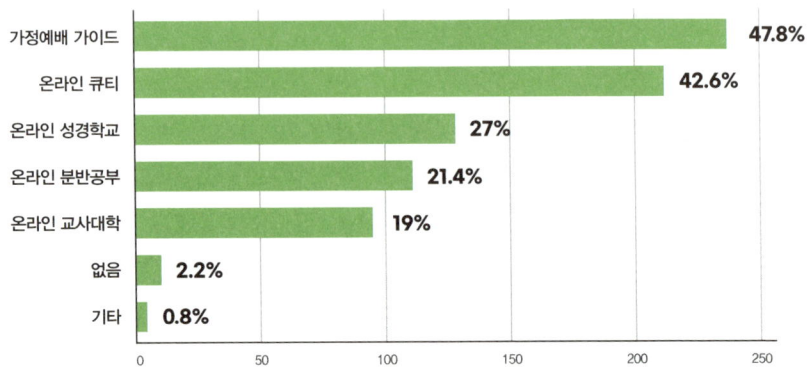

〈응답 500명〉

순위별	응답 수(명)	비율(%)	비고
가정예배 가이드	239	47.8	
온라인 큐티	213	42.6	
온라인 성경학교	135	27	
온라인 분반공부	107	21.4	
온라인 교사대학	95	19	
없음	11	2.2	
기타	4	0.8	

○ 다음과 같은 기타 응답도 있다.
- 사실 이 모든 것이 자발성 위에서 이루어져야 하는데, 어떻게 그 동기를 이끌어 내야 할지 모르겠다.
- 수동적으로 듣기만 하지 않고, 말하고 참여하는 다자간의 온라인 기도회, 온라인 나눔 및 상담이 필요하다.
- 줌(ZOOM)을 활용한 게임 방식을 추천한다.

14. 어느 교단에 소속되어 있습니까?

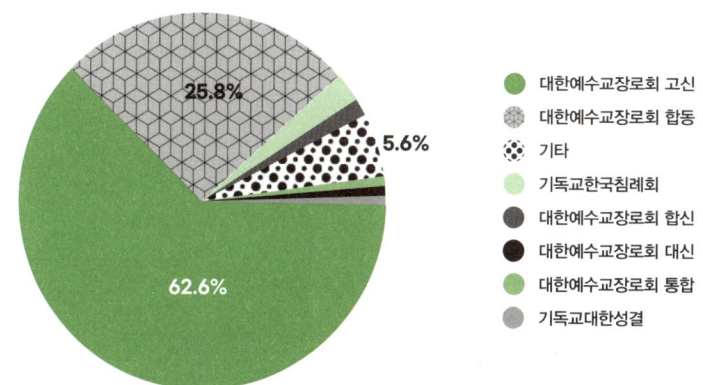

〈응답 500명〉

순위별	응답 수(명)	비율(%)	비고
대한예수교장로회 고신	313	62.6	
대한예수교장로회 합동	129	25.8	
기타	28	5.6	
기독교한국침례회	11	2.2	
대한예수교장로회 합신	8	1.6	
대한예수교장로회 대신	4	0.8	
대한예수교장로회 통합	4	0.8	
기독교대한성결	3	0.6	
총합	500	100	

참고문헌

주

참고문헌

[국문 서적]

권순웅, 김수환, 라영환, 방성일, 유은희, 함영주, 허계형, 『코로나 이후, 교회교육을 디자인하다』 (들음과봄, 2020).

문화랑, 『예배학 지도 그리기』 (이레서원, 2020).

문화랑, 이정규, 김형익, 양승언, 이춘성, 서창희, 『회복하는 교회: 우리가 다시 모일 때』 (생명의말씀사, 2020).

민준홍, 『가상현실과 증강현실의 현실』 (커뮤니케이션북스, 2016).

박광수, 『광수생각』 (소담출판사, 1998).

박상진, 『교회교육 현장론』 (장로회신학대학교 출판부, 2008).

박상진, 『유바디 교육목회』 (장로회신학대학교 출판부, 2020).

박영숙, 제롬 글렌, 『세계미래보고서 2035-2055』 (교보문고, 2020).

양금희 외 16인, 『교사 교육 과정』 (장로회신학대학교 기독교교육연구원, 2006).

이원규, 『한국교회 어디로 가고 있나』 (대한기독교서회, 2000).

이지성, 『에이트』 (차이정원, 2019).

주경훈, 『원 포인트 통합 교육』 (두란노, 2017).

최윤식, 『교사 관심이 주일학교를 살린다』 (브니엘, 2006).

최윤식, 최현식, 『앞으로 5년, 한국교회 미래 시나리오』 (생명의말씀사, 2020).

한춘기, 『한국교회 교육사』 (대한예수교장로회총회, 2006).

현유광, 『교회 문턱: 교회당 문턱은 낮추고 교회 문턱은 높여라』 (생명의양식, 2016).

[국문 역서]

에디 깁스, 라이언 볼저, 김도훈 역, 『이머징 교회』 (쿰란출판사, 2008).

마르바 던, 전의우 역, 『고귀한 시간 낭비-예배』 (이레서원, 2004).

테레사 베르거, 안선희 역, 『예배, 디지털 세상을 만나다』 (CLC, 2020).

호레이스 부쉬넬, 김도일 역, 『기독교적 양육』 (장로회신학대학교 출판부, 2004).

돈 셀리어, 노주하 역, 『신학으로서의 음악, 음악으로서의 신학』 (대장간, 2010).

제이슨 솅커, 박성현 역, 『코로나 이후의 세계』 (미디어숲, 2020).

클라우스 슈밥, 송경진 역, 『제4차 산업혁명』 (새로운현재, 2016).

호아킴 데 포사다, 레이먼드 조, 『바보 빅터: 17년 동안 바보로 살았던 멘사 회장의 이야기』 (한국경제신문사, 2018).

잭 세이모어, 오성주 역, 『예수님이 직접 가르쳐 준 교육학』 (신앙과지성사, 2015).

프리트리히 쉬바이쳐, 송순재 역, 『삶의 이야기와 종교: 아동기와 청소년기의 종교적 발달과 교육』 (한국신학연구소, 2002).

퀀틴 슐츠, 박성창 역, 『하이테크 예배』 (IVP, 2006).

로버트 스코블, 셀 이스라엘, 정순욱 역, 『제4차 변혁: 증강현실과 인공지능이 모든 것을 바꾼다』 (에이콘출판사, 2017).

그레그 시어, 캠퍼스워십팀, 강명식 공역, 『아트 오브 워십』 (예수전도단, 2008).

제임스 C. 윌호이트 등저, 김도일, 김정훈 공역, 『발달주의적 시각으로 본 기독교적 양육』 (쿰란출판사, 2005).

로버트 파즈미뇨, 조혜정 역, 『교사이신 하나님: 기독교 교육의 신학적 기초』 (크리스챤출판사, 2005).

케네스 E. 하이드, 김국환 역, 『아동기와 청소년기의 종교교육』 (한국장로교출판사, 2004).

리차드 해리스, 김혜현 역, 『현대인을 위한 신학적 미학』 (살림, 2003).

Ellen Galinsky, 권영례 역, 『아이의 성장, 부모의 발달』 (창지사, 1997).

[국문 웹 신문]

구은서, "한국 출산율 6년째 OECD 꼴찌." 『한국경제』, 2020년 8월 26일. https://www.hankyung.com/economy/article/202008268551i.

김경미, "서울 공립초등교사 임용 절벽? 내년 66명 줄여 304명만 선발." 『중앙일보』, 2020년 9월 9일. https://news.joins.com/article/23867652.

송경호, "과거엔 '셔틀버스', 지금은 '유튜브'로 교인 수평 이동?" 『크리스천투데이』, 2020년 4월

9일. https://www.christiantoday.co.kr/news/330589.

양민경, "안정된 사역 위해…'부교역자 사역계약서' 모범안 나왔다." 『국민일보』, 2016년 6월 12일. http://m.kmib.co.kr/view.asp?arcid=0923562714.

오연서, "'백년가게'도 못 버텼다…자영업자 폐업 속출." 『한겨레』, 2020년 9월 7일. http://www.hani.co.kr/arti/society/society_general/960999.html.

이근창, "주일학교, 코로나19를 계기로 기존의 교회교육의 방향성을 재고해야." 『C헤럴드』, 2020년 5월 9일. http://www.c-herald.co.kr/news/articleView.html?idxno=2470.

이율, "작년 합계출산율 0.92명…2년째 OECD서 유일하게 1명 밑돌아." 『연합뉴스』, 2020년 2월 26일. https://www.yna.co.kr/view/AKR20200226079251002.

이율, "韓 고령화 속도 OECD 최고…청년보다 고령자 노동 참여 확대 중요." 『연합뉴스』, 2019년 4월 18일. https://www.yna.co.kr/view/AKR20190418091200002.

이재원, "AI, 진료·병원 운영 등 디지틀혁신병원 구현 접목 활발." 『의학신문』, 2019년 12월 6일. http://www.bosa.co.kr/news/articleView.html?idxno=2117437.

이충섭, "교육 전도사님이 너무 자주 바뀌어서 힘들어요." 『웨슬리안타임즈』, 2020년 8월 20일. https://www.kmcdaily.com/news/articleView.html?idxno=508.

정종훈, "'엄마 카톡 말고 나랑 놀자'…가족끼리 대화 하루 13분뿐." 『중앙일보』, 2018년 5월 8일. https://news.joins.com/article/22601669.

조재길, "한미 통화스와프 6개월 연장…내년 3월까지로." 『한국경제』, 2020년 7월 30일. https://www.hankyung.com/economy/article/202007303106i.

[국문 웹 신문 사설]

유광종, "코뿔소." 『중앙일보』, 2009년 11월. https://news.joins.com/article/3893222.

정재영, "청소년들의 눈으로 본 교회." 『데일리굿뉴스』, 2019년 12월. http://www.goodnews1.com/news/news_view.asp?seq=92575.

[국문 논문]

문화랑, "개혁주의 교육 방법: 교리 교육과 예배 참여를 통한 전인적 신앙 형성." 개혁논총 vol. 53 (2020): 147-170.

문화랑, "주일학교 전통에서의 예배-회고와 전망." 장신논단, vol. 49 no 2 (2017): 323-347.

함영주, "한국 교회학교 침체 원인과 다음 세대를 위한 교회교육의 방향성." 『교육을 통한 한국 교회의 회복』, 32. 서울: 한국복음주의신학회, 2015.

[국외 서적]

Caldwell, Elizabeth F. *I Wonder: Engaging a Child's Curiosity about the Bible*. Nashville: Abingdon Press, 2016.

Calvin, John. *Institutes of the Christian Religion* (1536). Translated by Ford Lewis Battles. Grand Rapids: Eerdmans, 1995.

Castleman, Robbie. *Parenting in the Pew: Guiding Your Children into the Joy of Worship*. Downers Grove: IVP Books, 2013.

Chapman, Kathleen. *Teaching Kids Authentic Worship: How to Keep Them Close to God for Life*. Grand Rapids: Baker Books, 2003.

Dale, Edgar. *Audio-Visual Methods in Teaching*. New York: Holt, 1969.

Dykstr, Craig. and Dorothy C. Bass. "A Theological Understanding of Christian Practices" in *Practicing Theology: Beliefs and Practices in Christian Life*. ed. by Miroslav Volf and Dorothy C. Bass. Grand Rapids: Eerdmans, 2001.

Erikson, E. H. *Identity: Youth and Crisis*. New York: Norton, 1968.

Harmless, William. *Augustine and the Catechumenate*. Collegeville: Liturgical Press, 1995.

Kavanagh, Aidan. *On Liturgical Theology*. Collegeville: Liturgical Press, 1992.

Keeley, Robert J. "Step by Step: Faith Development and Faith Formation" in *Shaped by God*. ed. by Robert J. Keeley. Grand Rapids: Faith Alive, 2010.

Luther, Martin. *Luther's Works* vol. 53. Philadelphia: Fortress Press, 1965.

Marsden, George M. *Jonathan Edwards: A Life*. New Haven & London: Yale University Press, 2003.

May, Scott. and Beth Posterski, Catherine Stonehouse, and Linda Cannell, *Children Matter: Celebrating Their Place in the Church, Family, and Community*. Grand Rapids: Eerdmans, 2005.

Ng, David. and Virginia Thomas, *Children in the Worshiping Community*. Atlanta: John Knox Press, 1981.

Tertulian, *Apologeticus pro Christianis*, chapter 18.

Torrance, Thomas F. ed. *Belief in Science and in Christian Life: The Relevance of*

Michael Polanyi's Thought for Christian Faith and Life. Edinburgh: Handsel Press, 1980.

Toynbee, Arnold J. *A Study of History: Volume I: Abridgement of Volumes I-VI*. New York: Oxford University Press USA, 1987.

Polanyi, Michael. *Knowing and Being*. London: Routledge, 1969.

Presbyterian Church in America. *The Book of Church Order*. Lawrenceville, GA: The Office of the Stated Clerk, 2019.

Senn, Frank C. *Christian Liturgy: Catholic and Evangelical*. Minneapolis: Fortress Press, 1997.

Smith, James K. A. *Desiring the Kingdom: Worship, Worldview, and Cultural Formation*. Grand Rapids: Baker, 2009.

Stewart, Sonja M. and Jerome W. Berryman, *Young Children and Worship*. Louisville: John Knox Press, 1989.

Wangerin, Walter. *The Orphean Passages*. Grand Rapids: Zondervan, 1996.

Westerhoff, John H. *Bringing up Children in the Christian Faith*. Minneapolis: Winston Press, 1980.

Westerhoff, John H. *Will Our Children Have Faith?* New York: Morehouse Publishing, 2000.

Williamson, G. I. *Westminster Shorter Catechism*. Phillipsburg: P&R Publishing, 2003.

[국외 저널]

Shrader, Wesley. "Our Troubled Sunday Schools." *Life*. Feb 11, 1957.

[국외 논문]

Sharpley, C. F., Jeffrey, A. M., & Mcmah, T. "Counsellor facial expression and client-perceived rapport." *Counselling Psychology Quarterly* (2006): 19(4), 343-356.

[웹 자료]

스카이스캐너, "꼭 기억해야 할 기내 안전 수칙 5가지."

https://www.skyscanner.co.kr/news/tips/flight-safety-demonstration-you-need-to-know

통계청, "OECD 국가의 주요 지표."

http://kosis.kr/statHtml/statHtml.do?orgId=101&tblId=DT_2KAAG01

통계청, "2015 인구주택총조사 표본 집계 결과."

https://kostat.go.kr/portal/korea/kor_nw/1/1/index.board?bmode=read&aSeq=358170

한국 갤럽, "한국인의 종교."

http://panel.gallup.co.kr/Contents/GallupReport/%ED%95%9C%EA%B5%AD%EA%B0%A4%EB%9F%BDGallupReport(20150128)_%ED%95%9C%EA%B5%AD%EC%9D%B8%EC%9D%98%EC%A2%85%EA%B5%90(1).pdf

The State of Theology

https://thestateoftheology.com/

[유튜브 영상]

https://www.youtube.com/watch?v=wCqreXKo3Ks

https://www.youtube.com/watch?v=y20dfuk0RpU

https://www.youtube.com/watch?v=lCjcg89NlqY

https://www.youtube.com/watch?v=_xMb8Bs01nU

https://www.youtube.com/watch?v=NOwOfQipe8A

주

프롤로그

1) Uri Friedman, "I Have Seen the Future – And It's Not the Life We Knew," *The Atlantic*, May 1, 2020. http://theatlantic.com.
2) 유광종, "코뿔소", 『중앙일보』, 2009년 11월. https://news.joins.com/article/3893222.
3) 제이슨 솅커, 『코로나 이후의 세계』(서울: 미디어숲, 2020), p. 78, 124.
4) 세계경제포럼(World Economic Forum)은 저명한 기업인, 경제학자, 저널리스트, 정치인 등이 모여 세계 경제에 대해 토론하고 연구하는 국제민간회의다. 독립적 비영리재단 형태로 운영되며, 본부는 스위스 제네바주의 도시인 콜로니에 위치해 있다. 설립자는 클라우스 슈밥(Klaus Schwab)이다.
5) 이지성, 『에이트』(서울: 차이정원, 2019), pp. 78-80.
6) 클라우스 슈밥, 『제4차 산업혁명』(메가스터디북스, 2016), p. 222.
7) 이재원, "AI, 진료·병원 운영 등 디지털 혁신 병원 구현 접목 활발", 『의학신문』, 2019년 12월 6일. http://www.bosa.co.kr/news/articleView.html?idxno=2117437.
8) 이지성, 『에이트』, p. 37. YTN에 보도된 다음의 영상을 참조하라. https://www.youtube.com/watch?v=wCqreXKo3Ks.
9) 박영숙, 제롬 글렌, 『세계미래보고서 2035-2055』(서울: 교보문고, 2020), pp. 558-559. 튜링 테스트(Turing Test)란 기계가 지능을 갖추었는지 식별하는 것을 말한다.
10) 이원규, 『한국교회 어디로 가고 있나』(서울: 대한기독교서회, 2000), p. 276.
11) 이근창, "주일학교, 코로나19를 계기로 기존의 교회교육의 방향성을 재고해야", 『C헤럴드』, 2020년 5월 9일. http://www.c-herald.co.kr/news/articleView.html?idxno=2470.
12) 송경호, "과거엔 '셔틀버스', 지금은 '유튜브'로 교인 수평이동?", 『크리스천투데이』, 2020년 4월 9일. https://www.christiantoday.co.kr/news/330589.
13) https://kosis.kr/statHtml/statHtml.do?orgId=101&tblId=DT_1PM1502.
14) 최윤식, 최현식, 『앞으로 5년, 한국교회 미래 시나리오』(서울: 생명의말씀사, 2020), pp. 173-192.

PART 1 _ 코로나 이후의 교회교육 생태계

1) 통계청, "OECD 국가의 주요 지표", http://kosis.kr/statHtml/statHtml.do?orgId=101&tblId=DT_2KAAG01.
2) 오연서, "'백년가게'도 못 버텼다…자영업자 폐업 속출", 『한겨레』, 2020년 9월 7일. http://www.hani.co.kr/arti/society/society_general/960999.html. 조재길. "한미 통화 스와프 6개월 연장…내년 3월까지로", 『한국경제』, 2020년 7월 30일. https://www.hankyung.com/economy/article/202007303106i.
3) 제이슨 솅커, 『코로나 이후의 세계』, pp. 76-81.
4) 문화랑, "예배의 회복: 하나님 중심적인 예배를 회복하라", 『회복하는 교회: 우리가 다시 모일 때』 (서울: 생명의말씀사, 2020), pp. 30-31.
5) "The State of Theology", https://thestateoftheology.com.
6) 설문지의 질문과 통계 결과에 대해서는 부록을 참조하라.
7) 한국갤럽조사연구소, "한국인의 종교 1984-2014" (서울: 한국갤럽조사연구소, 2015).
8) 박봉수, "다른 세대가 일어나는가?", http://www.pckworld.com/news/articleView.html?idxno=73105.
9) 정재영, "청소년들의 눈으로 본 교회", 『데일리굿뉴스』, 2019년 12월. http://www.goodnews1.com/news/news_view.asp?seq=92575.
10) 이율, "작년 합계출산율 0.92명…2년째 OECD서 유일하게 1명 밑돌아", 『연합뉴스』, 2020년 2월 26일. https://www.yna.co.kr/view/AKR20200226079251002. 우리나라는 2년째 OECD 국가 중 1명 아래 출산율을 기록하고 있으며, OECD 국가 중 6년 연속 합계출산율 최하위를 기록 중이다. https://www.hankyung.com/economy/article/202008268551i를 참조하라. 고령화 속도에 대해서는 다음을 참조하라. 이율, "韓 고령화 속도 OECD 최고…청년보다 고령자 노동 참여 확대 중요", 『연합뉴스』, 2019년 4월 18일. https://www.yna.co.kr/view/AKR20190418091200002.
11) 테레사 베르거, 『예배, 디지털 세상을 만나다』, 안선희 역 (서울: CLC, 2020), pp. 112-121.
12) 자세한 설명은 다음을 참조하라. 권순웅, 김수환 외 5인, "코로나19 이후의 온오프라인 교육, 미디어와 중고등부", 『코로나 이후, 교회교육을 디자인하다』 (서울: 들음과봄, 2020), pp. 154-171.
13) Erik H. Erikson, *Identity: Youth and Crisis* (New York: Norton, 1968), p. 94.

PART 2 _ 종교적 잠재력과 능력을 고려하라

1) 호아킴 데 포사다, 레이먼드 조, 『바보 빅터: 17년 동안 바보로 살았던 멘사 회장의 이야기』 (서울: 한국경제신문사, 2018).
2) Walter Wangerin, *The Orphean Passages* (Grand Rapids: Zondervan, 1996), p. 20.
3) Scottie May, Beth Posterski, Catherine Stonehouse, and Linda Cannell, *Children Matter: Celebrating Their Place in the Church, Family, and Community* (Grand Rapids: Eerdmans,

2005), p. 219.
4) John Calvin, *Institutes*, 1.3.1.
5) John H. Westerhoff, III, *Bringing up Children in the Christian Faith* (Minneapolis: Winston Press, 1980), p. 24.
6) George M. Marsden, *Jonathan Edwards: A Life* (New Haven & London: Yale University Press, 2003), p. 25.
7) Thomas F. Torrance, ed., *Belief in Science and in Christian Life: The Relevance of Michael Polanyi's Thought for Christian Faith and Life* (Edinburgh: Handsel Press, 1980), p. 145.
8) Michael Polanyi, *Knowing and Being* (London: Routledge, 1969), p. 183.
9) 문화랑, "개혁주의 교육 방법: 교리 교육과 예배 참여를 통한 전인적 신앙 형성", 개혁논총 vol. 53 (2020): p. 21-24.

1장 : 정보 전달인가, 신앙 형성인가?

1) 김경미, "서울 공립초등교사 임용 절벽? 내년 66명 줄여 304명만 선발", 『중앙일보』, 2020년 9월 9일. https://news.joins.com/article/23867652.
2) 증강현실과 가상현실에 대해서는 다음의 책을 참조하라. 로버트 스코블, 셸 이스라엘, 『제4차 변혁: 증강현실과 인공지능이 모든 것을 바꾼다』, 정순욱 역 (서울: 에이콘출판사, 2017).
3) 하이테크와 예배의 관계에 대해서는 다음의 책을 참조하라. 퀸틴 슐츠, 『하이테크 예배』, 박성창 역 (서울: IVP, 2006).
4) 잭 세이모어, 『예수님이 직접 가르쳐 준 교육학』, 오성주 역 (서울: 신앙과지성사, 2015), p. 14.
5) James K. A. Smith, *Desiring the Kingdom: Worship, Worldview, and Cultural Formation* (Grand Rapids: Baker, 2009), p. 62.
6) 이론과 실천의 관계에 대한 논의는 다음을 참조하라. Craig Dykstra and Dorothy C. Bass, "A Theological Understanding of Christian Practices," in *Practicing Theology: Beliefs and Practices in Christian Life*, ed. by Miroslav Volf and Dorothy C. Bass (Grand Rapids: Eerdmans, 2001), pp. 13-32.
7) John Calvin, *Institutes*, 3.11.1.
8) 한국갤럽, "한국인의 종교." http://panel.gallup.co.kr/Contents/GallupReport/%ED%95%9C%EA%B5%AD%EA%B0%A4%EB%9F%BDGallupReport(20150128)_%ED%95%9C%EA%B5%AD%EC%9D%B8%EC%9D%98%EC%A2%85%EA%B5%90(1).pdf.
9) 최윤식은 다음과 같이 말한다. "2005년 한미준과 한국갤럽 리서치가 공동으로 발표한 자료를 보면, 성인 남녀 중 순수하게 신앙생활을 시작한 시기가 결혼 후인 경우는 약 22퍼센트 정도고, 응답자의 60퍼센트 이상이 신앙을 시작한 시기를 초등학교 혹은 그 이전이라고 대답했다. 그리고 중학교 시절은 6.9퍼센트, 고등학교 시절은 6.7퍼센트, 대학교 시절은 3.1퍼센트밖에 되지 않았다." 최윤식, 『교사 관심이 주일학교를 살린다』 (서울: 브니엘, 2006), p. 16.

2장 : 예배와 교회교육을 함께 고려한 큰 그림을 그리라

1) 양민경, "안정된 사역 위해…'부교역자 사역계약서' 모범안 나왔다", 『국민일보』, 2016년 6월 12일. http://m.kmib.co.kr/view.asp?arcid=0923562714. 이충섭, "교육전도사님이 너무 자주 바뀌어서 힘들어요", 『웨슬리안타임즈』, 2020년 8월 20일. https://www.kmcdaily.com/news/articleView.html?idxno=508.
2) 문화랑, "개혁주의 교육 방법: 교리 교육과 예배 참여를 통한 전인적 신앙 형성", 개혁논총 vol. 53 (2020): p. 22.
3) G. I. Williamson, *Westminster Shorter Catechism* (Phillipsburg: P&R Publishing, 2003).
4) 다음의 책을 참조하라. 주경훈, 『원 포인트 통합 교육』 (서울: 두란노, 2017).
5) John H. Westerhoff, *Will Our Children Have Faith?* (New York: Morehouse Publishing, 2000), pp. 51-57.
6) 문화랑, "주일학교 전통에서의 예배-회고와 전망", 장신논단, 49-2, p. 342.
7) 프리트리히 쉬바이쳐, 『삶의 이야기와 종교: 아동기와 청소년기의 종교적 발달과 교육』, 송순재 역 (서울: 한국신학연구소, 2001), pp. 249-267.
8) 한춘기, 『한국교회 교육사』 (서울: 대한예수교장로회총회, 2006), pp. 127-140.
9) 예배에 대한 자세한 아이디어는 필자의 저서를 참조하라. 문화랑, 『예배학 지도 그리기』 (고양: 이레서원, 2020), pp. 163-197.

3장 : 예배 교육, 어떻게 할 것인가?

1) 문화랑, "예배의 회복: 하나님 중심적인 예배를 회복하라", 『회복하는 교회: 우리가 다시 모일 때』, p. 23.
2) Aidan Kavanagh, *On Liturgical Theology* (Collegeville: Liturgical Press, 1992), pp. 73-74.
3) 어린 시절의 신앙 발달에 있어서 기본적 신뢰가 왜 중요한지에 대해서는 다음을 참조하라. 프리트리히 쉬바이쳐, 『삶의 이야기와 종교: 아동기와 청소년기의 종교적 발달과 교육』, pp. 73-124.
4) 문화랑, 『예배학 지도 그리기』, pp. 26-38.
5) Robbie Castleman, *Parenting in the Pew: Guiding Your Children into the Joy of Worship* (Downers Grove: IVP Books, 2013), pp. 43-56.
6) Presbyterian Church in America, *The Book of Church Order* (Lawrenceville, GA: The Office of the Stated Clerk, 2019). Chapter 48 "The Sanctification of the Lord's Day"의 1에서 7까지의 항목을 참고하라.
7) 예전과 의례의 형성적인 힘에 대해서는 다음을 참조하라. 문화랑, 『예배학 지도 그리기』, pp. 76-99.
8) 어린이들이 예배의 순서와 의미에 대해 학습할 수 있도록 교회학교에서 시행할 수 있는 다양한 패턴에 대해서는 다음의 책을 보라. Sonja M. Stewart and Jerome W. Berryman, *Young Children and Worship* (Louisville: John Knox Press, 1989).

9) David Ng & Virginia Thomas, *Children in the Worshiping Community* (Atlanta: John Knox Press, 1981), p. 95, 98.
10) Edgar Dale, *Audio-Visual Methods in Teaching* (New York: Holt, 1969), p. 108. 52주 어린이 예배를 어떻게 기획하고 인도할 것인가에 대한 아이디어에 대해서는 다음의 책을 참고하라. Kathleen Chapman, *Teaching Kids Authentic Worship: How to Keep Them Close to God for Life* (Grand Rapids: Baker Books, 2003), pp. 117–180.
11) 환대의 정신이 우리의 예배와 교회생활에 잘 구현되어야 한다. 마르바 던의 책을 참조하라. 마르바 던, 『고귀한 시간 낭비-예배』, 김병국, 전의우 역 (서울: 이레서원, 2004), pp. 87–93.
12) David Ng & Virginia Thomas, *Children in the Worshiping Community*, pp. 103–113.
13) Martin Luther, *Luther's Works*, vol. 53 (Philadelphia: Fortress Press, 1965), p. 316.
14) 그레그 시어, 『아트 오브 워십』, 강명식 역 (서울: 예수전도단, 2008), pp. 14–19.
15) 최윤식, 최현식, 『앞으로 5년, 한국교회 미래 시나리오』 (서울: 생명의말씀사, 2020), pp. 155–166.

4장 : 가정에서의 신앙 교육, 어떻게 할 것인가?

1) 성경뿐만이 아니다. 우리는 퀴리 부인, 에디슨, 아인슈타인, 링컨, 마이클 조던과 같이 사회 각계각층에서 두각을 나타낸 인물들은 익숙하지만, 그들의 자녀 이야기는 잘 알지 못한다. 물론 유명인의 자녀의 경우 부모만큼 잘해야 한다는 나름의 부담과 스트레스가 극심하다. 부모 입장에서도 생각해 보면, 본인의 과업으로 자녀에게 신경을 쓰기가 쉽지 않았을 것이다.
2) 돈 샐리어스, 『신학으로서의 음악, 음악으로서의 신학』, 노주하 역 (서울: 대장간, 2010), p. 98.
3) 문화랑, 『예배학 지도 그리기』, pp. 91–92.
4) 정종훈, "'엄마 카톡 말고 나랑 놀자'…가족끼리 대화 하루 13분뿐", 『중앙일보』, 2018년 5월 8일. https://news.joins.com/article/22601669.
5) 다음의 책은 발달주의적 관점에서 다양한 학자들의 이론들을 쉽게 설명한다. 제임스 월호이트, 존 디토니, 『발달주의적 시각으로 본 기독교적 양육』, 김도일, 김정훈 역 (서울: 쿰란출판사, 2005).
6) Sharpley, C. F., Jeffrey, A. M., & Mcmah, T. (2006), *Counsellor facial expression and client-perceived rapport. Counselling Psychology Quarterly*, 19(4), p. 344.
7) 박상진, 『교회교육 현장론』 (서울: 장로회신학대학교 출판부, 2008), pp. 387–389.

5장 : 부모 교육, 어떻게 할 것인가?

1) 스카이스캐너, "꼭 기억해야 할 기내 안전 수칙 5가지." https://www.skyscanner.co.kr/news/tips/flight-safety-demonstration-you-need-to-know.
2) 갈린스키라는 학자는 자녀의 성장과 더불어 부모도 발달 단계를 거쳐 성장한다고 주장한다.

그는 태아에서부터 18세까지의 자녀를 둔 228명의 부모를 대상으로 조사하여 부모는 6단계를 거쳐 발달한다고 설명한다. 자녀 임신 기간 동안의 이미지 형성기, 양육하는 단계(출생-생후 2년), 권위 형성 단계(2-4,5세), 설명하는 단계(5세-초등학교), 상호 의존 단계(십 대의 시기), 떠나보내는 단계(청년기)를 거치면서 부모도 성장하고 발달한다는 것이다. Ellen Galinsky, *The Six Stages of Parenthood*, 권영례 역, 『아이의 성장, 부모의 발달』(서울: 창지사, 1997)을 보라.

3) https://www.youtube.com/watch?v=lCjcg89NlqY.
4) 이에 대해서는 기독교 교육 분야의 고전인 다음의 책을 참고하라. 호레이스 부쉬넬, 『기독교적 양육』, 김도일 역 (서울: 장로회신학대학교 출판부, 2004).
5) https://www.youtube.com/watch?v=_xMb8Bs01nU.
6) Robert J. Keeley, "Step by Step: Faith Development and Faith Formation," in *Shaped by God*, ed. by Robert J. Keeley (Grand Rapids: Faith Alive, 2010), pp. 60-70.
7) 현유광, 『교회 문턱: 교회당 문턱은 낮추고 교회 문턱은 높여라』(서울: 생명의양식, 2016), pp. 112-118.
8) 다음의 책을 참고하라. Robbie Castleman, *Parenting in the Pew: Guiding Your Children into the Joy of Worship* (Downers Grove: IVP Books, 2013).
9) 잭 세이모어, 『예수님이 가르쳐 준 교육학』, pp. 158-162.

6장 : 교회학교 교사 교육, 어떻게 할 것인가?

1) Tertullian, *Apologeticus pro Christianis*, chapter 18.
2) 박상진, 『유바디 교육목회』(서울: 장로회신학대학교 출판부, 2020), p. 29.
3) William Harmless, *Augustine and the Catechumenate* (Collegeville: Liturgical Press, 1995), p. 91.
4) 다음의 자료집을 참조하라. 양금희 외 16인, "교사 교육 과정" (서울: 장로회신학대학교 기독교교육연구원, 2006).
5) 함영주, "한국 교회학교 침체 원인과 다음 세대를 위한 교회교육의 방향성", 『교육을 통한 한국 교회의 회복』(서울: 한국복음주의신학회, 2015), p. 32.

7장 : 경이와 창의가 함께하는 교회교육

1) Wesley Shrader, "Our Troubled Sunday Schools," *Life* (1957년 2월 11일, XLII), p. 110.
2) 포켓몬 고 게임을 어떻게 하는지, 어떻게 진행되는지에 대해서는 다음의 무비클립을 참조하라. https://www.youtube.com/watch?v=NOwOfQipe8A.
3) 가상현실과 증강현실을 쉽게 설명하는 책은 다음을 참조하라. 민준홍, 『가상현실과 증강현실의 현실』(서울: 커뮤니케이션북스, 2016).
4) 박영숙, 제롬 글렌, 『세계미래보고서 2035-2055』(서울: 교보문고, 2020), pp. 474-476.

5) 청소년기의 발달 단계적 특징과 그들의 종교 개념에 대해서는 다음의 책을 참고하라. 케네스 하이드, 『아동기와 청소년기의 종교교육』, 김국환 역 (서울: 한국장로교출판사, 2004).
6) Elizabeth F. Caldwell, *I Wonder: Engaging a Child's Curiosity about the Bible* (Nashville: Abingdon Press, 2016).
7) 박광수, 『광수생각』 (서울: 소담출판사, 1998), p. 103.
8) 로버트 파즈미뇨, 『교사이신 하나님: 기독교 교육의 신학적 기초』, 조혜정 역 (서울: 크리스찬출판사, 2005), pp. 71-112.
9) Martin Luther, "An Order of Mass and Communion for the Church at Wittenberg," *Luther's Works*, vol. 53 (Philadelphia: Fortress Press, 1965), p. 24.
10) 이 아이디어는 아놀드 토인비에게서 빌려왔다. Arnold J. Toynbee, *A Study of History: Volume I: Abridgement of Volumes I-VI* (New York: Oxford University Press USA, 1987), p. 60.
11) 리차드 해리스, 『현대인을 위한 신학적 미학』, 김혜현 역 (서울: 살림, 2003), pp. 46-62.
12) 이단 사상을 연구해 보아도 이와 비슷한 결론을 얻을 수 있다. 초대교회부터 현재까지 이단들의 사상들을 보면, 반복되는 흐름들이 있다.
13) Frank C. Senn, *Christian Liturgy: Catholic and Evangelical* (Minneapolis: Fortress Press, 1997).
14) 이머징 예배에 대한 소개와 평가에 대해서는 다음의 책을 참조하라. 에디 깁스, 라이언 볼저, 『이머징 교회』, 김도훈 역 (서울: 쿰란출판사, 2008).

사명선언문

너희가 흠이 없고 순전하여⋯⋯세상에서 그들 가운데 빛들로
나타내며 생명의 말씀을 밝혀 _ 빌 2:15-16

1. 생명을 담겠습니다
만드는 책에 주님 주신 생명을 담겠습니다.
그 책으로 복음을 선포하겠습니다.

2. 말씀을 밝히겠습니다
생명의 근본은 말씀입니다.
말씀을 밝혀 성도와 교회의 성장을 돕겠습니다.

3. 빛이 되겠습니다
시대와 영혼의 어두움을 밝혀 주님 앞으로 이끄는
빛이 되는 책을 만들겠습니다.

4. 순전히 행하겠습니다
책을 만들고 전하는 일과 경영하는 일에 부끄러움이 없는
정직함으로 행하겠습니다.

5. 끝까지 전파하겠습니다
모든 사람에게, 땅 끝까지, 주님 오시는 그날까지
복음을 전하는 사명을 다하겠습니다.

서점 안내

광화문점	서울시 종로구 새문안로 69 구세군회관 1층 02)737-2288 / 02)737-4623(F)
강남점	서울시 서초구 신반포로 177 반포쇼핑타운 3동 2층 02)595-1211 / 02)595-3549(F)
구로점	서울시 동작구 시흥대로 602, 3층 302호 02)858-8744 / 02)838-0653(F)
노원점	서울시 노원구 동일로 1366 삼봉빌딩 지하 1층 02)938-7979 / 02)3391-6169(F)
분당점	경기도 성남시 분당구 황새울로 315 대현빌딩 3층 031)707-5566 / 031)707-4999(F)
일산점	경기도 고양시 일산서구 중앙로 1391 레이크타운 지하 1층 031)916-8787 / 031)916-8788(F)
의정부점	경기도 의정부시 청사로47번길 12 성산타워 3층 031)845-0600 / 031)852-6930(F)
인터넷서점	www.lifebook.co.kr